동시토익
Contemporary Toeic

동시토익
Contemporary Toeic

지은이 신정원
에디터 조서봉
출판사 제이제이북스
4쇄 인쇄 2016년 1월 20일

서론

우리나라에는 영어 스트레스에 걸려있는 사람들이 너무 많다. 취업을 준비하는 학생들에게만 국한된 문제가 아니다. 진급 시험을 준비하시는 나이 지긋하신 분들, 어린 자녀 교육을 준비하는 엄마들까지 거의 전 국민의 스트레스다. 게다가 영어를 못한다는 것이, 그저 컴퓨터를 잘 다루지 못한다는 수준이 아닌 그 이상의, 뭔가 위축감과 자격지심을 느끼게 만드는 원인이 된다. 우리가 일상생활에서 영어를 쓸 일은, 컴퓨터를 쓸 일보다 훨씬 더 적은데 말이다. 아마도 우리 모두가 영어공부에서 좌절감을 맛본 적이 있기 때문일 것이다. 작정하고 컴퓨터를 공부하겠다고 달려드는 사람들은 많지 않다. 그래서 우리는 은연중에 '내가 안 배워서 그렇지, 제대로 배우면 당연히 잘할 수 있어'라는 심리를 가지고 있을 게다. 그러나 영어는, 중학교 때부터 혹은 그 이전부터 배워왔다. 배우긴 했는데 잘 되지 않는다. 어찌해서 수능은 잘 넘어갔다. 모의테스트를 와장창 풀고 점수는 대충 나왔다. 아니면 영어는 제치고 다른 과목에 집중해서 수능의 관문은 넘어갔다. 그런데 취업을 앞두고, 혹은 진급시험을 앞두고 다시 영어점수가 필요하다. 이전에 영어공부에 별 재미를 느끼지 못했던 기억이 다시 되살아나면서 시작하기가 두렵고 '과연 한다고 될까'라는 불안감이 엄습한다.

우리가 영어를 이렇게 어렵게 느끼는 이유는, 우리말과 영어가 너무 다르기 때문이다. 몇 십 년을 우리말을 써왔던 우리 뇌는 '우리말' 체계에 맞게 길들여져 있다. 이 체계를 그대로 영어에 적용하니 뭔가 풀리지 않고, 이해도 되지 않고 영어가 난공불락의 외계어처럼 느껴지는 것이다.

이제 전혀 다른, 새로운 접근법이 필요한 때다. 영어를 공부하려면 영어의 언어적 논리체계를 이해해야 한다. 우리말과는 어떻게 어느 부분이 다른지를 제대로 이해해야 한다. 그래야만 영어 실력이, 밑 빠진 독에 물 붓기 식이 아닌, 제대로 쌓여가는 느낌을 받게 될 것이다. 지금까지 영어공부를 하긴 했는데, 뭔가 늘 새어나가는 기분이 들기만 했다면, 이제 '영어의 체계'를 이해하는 원론적인 접근이 필요한 때다. 이 체계를 이해하고 다져주는 것이 바로 동시토익의 전매특허인 '뼈대바르기'다.

동시토익 강의를 듣거나 교재로 공부한 분들로부터 저자가 듣는 가장 가슴 뿌듯한 피드백은 '영어가 재미있어졌어요.'라는 말이다. 영포자들이 이제 영어가 재미있어졌다고 고맙다는 글을 남긴다. 재미있어졌다면 된 것이다. 재미있는 일을 하는 것은 어렵지 않다. 재미만 붙으면 그 다음부터는 알아서 쌓아갈 수 있다. 그렇다면 동시토익을 접한 많은 사람들이 왜, 어떻게 영어가 감히 재미있어졌다고 얘기하는 걸까. 영어의 구조를 이해하게 되었기 때문이다. 이제 영어라는 언어가, 영어 문장이 납득이 되기 시작하는 것이다. 그리고 나면 두려움과 공포심은 사라진다. 이제 영어에 대한 두려움과 공포심에는 종지부를 찍자!

동시토익 기초코스는 영어의 틀을 잡아 주는 한달 짜리 속성강의다. 그리고 이 책은 그 강의를 위한 교재다. 그간 영어에 대한 불편한 마음이 있었다면 한달 더 투자해보자. 그런데 완전히 투자해야 한다. 모든 숙제와 진도, 밀리지 말고 제대로 시간을 투자해서 끝까지 완주해보자. 그러면 영어가 재미있어질 것이다. 저자가 매달 첫 강의에서 새로 만나는 학생들에게 하는 약속이다. '영어가 재미있어지게 만들어 줄 것이라고!' 그 다음, 내가 준비하는 시험이 있다면, 토익이건, 공무원 시험이건, 아니면 회화건 그 분야에 맞는 어휘만 정리하면 될 것이다. 영어 혐오증 탈출을 위한 첫걸음을 지금 바로 내디뎌보자!

2013년 10월 저자 신정원

Contents

Unit 1 문장의 구성
Day1 뼈대바르기 Intro • 8

Unit 2 동사의 종류
Day2 1형식 • 22
Day3 2,3,4형식 • 28
Day4 5형식 • 40

Unit 3 동사의 형태변화
Day5 수동태 • 48
Day6 시제I • 59
Day7 시제II • 67
Day8 조동사 • 77
Day9 동사총정리 실전문제 • 88

Unit 4 준동사
Day10 to부정사 • 98
Day11 동명사 • 110
Day12 분사 • 120
Day13 분사형 형용사 • 136
Day14 준동사총정리 실전문제 • 152

Unit 5 접속사
Day15 등위, 상관 접속사 • 160
Day16 명사절 접속사 • 176
Day17 부사절 접속사, 접속부사 • 186
Day18 관계대명사I • 198
Day19 관계대명사II • 214
Day20 접속사총정리 실전문제 • 230

동시토익 기초 RC 일정표

강의	진도	단어시험	숙제
Day 1	Unit 1 문장의 구성	뼈대바르기 Intro	P 18 – 20
Day 2	Unit 2 동사의 종류 1형식	Test 1 – 단어장 page 1	P 26 – 27
Day 3	Unit 2 동사의 종류 2,3,4 형식		P 34 – 39
Day 4	Unit 2 동사의 종류 5형식	Test 2 – 단어장 page 1~3	P 42 – 47
Day 5	Unit 3 동사의 형태변화 태		P 55 – 58
Day 6	Unit 3 동사의 형태변화 시제 I	Test 3 – 단어장 page 1~5	P 64 – 66
Day 7	Unit 3 동사의 형태변화 시제 II		P 73 – 76
Day 8	Unit 3 동사의 형태변화 조동사	Test 4 – 단어장 page 2~7	P 82 – 91
Day 9	Unit 3 동사 총정리 실전문제		P 92 – 97
Day 10	Unit 4 준동사 to부정사	Test 5 – 단어장 page 4~9	P 105 – 109
Day 11	Unit 4 준동사 동명사		P 116 – 119
Day 12	Unit 4 준동사 분사	Test 6 – 단어장 page 6~11	P 130 – 135
Day 13	Unit 4 준동사 분사형 형용사		P 143 – 154
Day 14	Unit 4 준동사 총정리 실전문제	Test 7 – 단어장 page 8~13	P 155 – 158
Day 15	Unit 5 접속사 등위, 상관 접속사		P 165 – 166 P 172 – 175
Day 16	Unit 5 접속사 명사절 접속사	Test 8 – 단어장 page 10~15	P 180 – 185
Day 17	Unit 5 접속사 부사절, 접속부사		P 192 – 197
Day 18	Unit 5 접속사 관계대명사 I	Test 9 – 단어장 page 12~17	P 208 – 213
Day 19	Unit 5 접속사 관계대명사 II		P 224 – 232
Day 20	Unit 5 접속사 총정리 실전문제	기본 암기 문장 Test	P 233 – 236

- 매일 진도에 해당하는 뼈대바르기 숙제를 작성하고, 해설지의 정답과 비교해서 채점해 오세요.
- 단어시험 진도는 최대 6일치까지 누적됩니다. 동일 내용을 3번씩 반복 학습하게 됩니다.

책의 구성

[문법설명]

강의를 듣고 나서 문법설명은 반드시 복습해서 읽어본다. 읽어보면서 놓친 부분을 메워나가고 이해한 부분도 다시 한번 정리한다.

[Summary 기본암기문장]

문법 포인트를 외우려고 하지 말고 반드시 예문을 외워두자! 나중에 이 예문을 연상해보면 그 문법 포인트가 더 직관적으로 이해될 것이다.

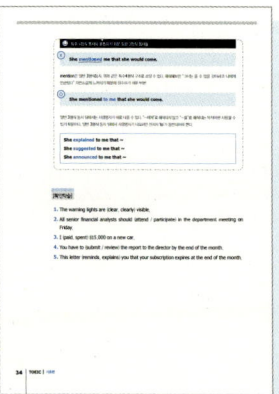

[확인학습]

앞서 공부한 문법 포인트를 연습해보는 문제! 수업시간에 다루지 않은 문제도 반드시 복습하면서 풀어보자.

[뼈대바르기 연습 Review]

뼈대바르기 연습을 하지 않았다면 오늘 들은 수업은 도루아미타불! 뼈대바르기 연습 없이는 절대 오늘 강의에서 배운 내용이 '내 것'이 될 수 없다! 뼈대바르기 숙제를 하고 나면 반드시 해설서 정답과 대조해봐야 한다. 그리고 내가 틀리게 한 부분을 체크해서 다시 복습해두자! 이 작업을 하지 않는다면 나는 단지 글씨연습을 한 것일 뿐! 내가 잘못 알고 있는 부분, 내가 아직 미숙한 부분이 바로 내가 해설서와 다르게 한 부분이다. 이 부분을 수정해나가야만 실력이 향상된다.

[기본문장 영작연습]

영어문장을 외우는 방법으로는 영작만큼 좋은 방법은 없다! 수업시간에 공부한 기본문장들을 다시 한번 영작해보면서 완벽하게 외워두자!

[뼈대바르기 연습 Preview]

내일 공부할 내용을 미리 예습하는 과정! 아직 배우지 않은 부분이라 어떻게 뼈대를 발라야 할지, 어떻게 해석해야 할지 갈피를 못 잡는다 해도 상관없다. 오늘 문장을 보면서 고민을 한번 해봤다면 내일 강의에서 배워나갈 때 훨씬 머리에 쏙쏙 박힐 것이다! 반드시 Preview 문장들은 연습해보고 다음 수업을 듣는다.

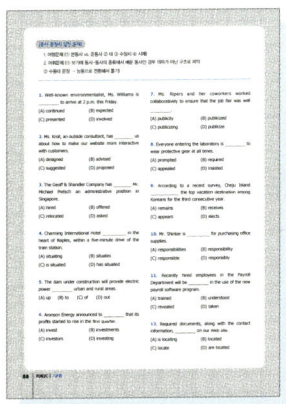

[총정리 문제풀이]

앞에서 배운 문법사항들을 문제로 풀어보면서 다시 한번 점검하는 과정! 문법이 정리되었어도 문제에 나와있는 어휘들을 모른다면 문제를 풀어내기는 힘들다. 그러므로 반드시 강의 중에 배포된 단어장을 완벽히 외워놓고 문제를 풀어보자! 그리고 풀어본 문제들은 반드시 뼈대바르기 연습을 통해 완벽하게 소화해두고 가자.

Unit 1. 문장의 구성 - 뼈대바르기 Intro

수식어구는 다 버리고 뼈대만 제대로 해석해도 삼천포로 빠지진 않는다!!

1. 문장성분 - 필수요소

I	read	books.	나는 책을 읽는다.
S (주어)	V (동사)	O (목적어)	

영어 문장에 없어서는 안 되는 3가지 요소. **주어/동사/목적어**. 이 중에 하나라도 없으면 영어는 틀린 문장이다. 물론 목적어는 동사의 종류에 따라 없을 수도 있다. 목적어를 필요로 하지 않는 동사, 즉 자동사인 경우는 목적어가 있으면 틀리는 문장. 다만 영어는 타동사가 훨씬 많으므로 이 구조를 일단 기본 구조로 정하고 얘기해보자.

I books (X)

○ 동사가 없으면 문장이 성립하지 않는다.

Read books

○ 주어가 없는 유일한 문장은 명령문. 이 문장은 명령문으로써 "책을 읽어라"라는 의미.

I Read (X)

○ 영어는 타동사 뒤에 목적어가 없으면 틀리는 문장! 우리말로는 "나는 읽는다"로 해석해보면 목적어가 없어도 자연스럽게 느껴지기 때문에 실수하기 쉬운 부분! 영어는 타동사 뒤에 반드시 목적어가 있어야만 한다!

문장성분	표시	Into Korean	example
주어	S (subject)	"~은/는, ~이/가"	**I** read books
동사	V (verb)	"~다"로 끝나는 것	I **read** books
목적어	O (object)	"~을/를"	I read **books**
보어	C (complement)		I am **happy**

앞으로 주어/동사/목적어/보어는 영어 이니셜 S/V/O/C로 표시한다. 보어는 be동사 뒤에 나오는 요소로 다음 장에서 설명한다.

 품사

1) 뼈대 (필수요소) - 명사, 동사

I	read	books.	나는 책을 읽는다.
S	V	O	
명사	동사	명사	

품사에 대해 알아보자. **주어와 목적어 자리에는 명사만 나올 수 있다.** 명사에는 사물의 이름을 표현하는 보통명사(칠판, 나무, 책..), 세상에 하나밖에 없는 고유명사(동시토익, 신정원..) 이때 고유명사는 항상 대문자로 시작한다(Dongsitoeic, Shin, Jungwon), 추상적인 것들을 표현하는 추상명사(사랑, 열정, 집중) 등이 있다. 명사는 다른 역할은 할 수 없고 주어와 목적어, 그리고 다음시간에 배울 보어 자리에만 나올 수 있다.

동사 자리에는 동사가 나온다. 동사는 문장성분이나 품사나 이름이 동일하다.

이렇게 **2개의 명사와 1개의 동사로 구성되는 게 영어문장이다.** 이렇게 간단하다면 영어가 어려울 사람은 아무도 없을 것이다. 그런데 어떨 때는 영어문장이 2줄, 3줄..씩 막 길어지기도 한다. 왜 그럴까?

2) 살 (수식어구) - 형용사, 부사

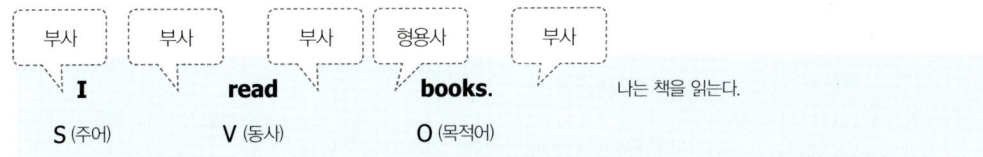

영어 문장이 길어지는 **첫 번째 이유는 뼈대에 살이 붙기 때문**이다. 살에 해당하는 형용사, 부사는 필수요소는 아니다. 이들이 없다고 문장이 틀리진 않는다. 다만 의미를 더 구체화하기 위해 추가되는 요소들이다. 이들은 자기가 수식하는 단어 앞에 위치한다.

① 명사를 꾸며주는 형용사

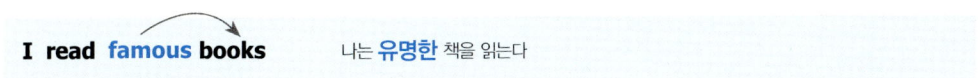

형용사는 명사를 꾸며주는 요소. 형용사는 명사를 꾸며주므로 명사 앞에 위치한다.

ex. 예쁜 꽃, 즐거운 일요일, 공격적인 마케팅.

② 명사 빼고 다 꾸며주는 부사

명사 빼고 나머지는 다 부사가 꾸며준다. 부사는 동사, 형용사, 부사, 문장전체를 꾸며주는 요소. 역시 자기가 꾸며주는 요소 앞에 위치한다. 그런데 동사를 꾸며주는 경우에는 동사 앞에 나올 수도 있지만 문장 제일 끝, 즉 문미에 나올 수도 있다.

> I quickly read books. = I read books quickly. 나는 책을 빨리 읽는다

문장 전체를 꾸며주는 부사는 문장 제일 앞, 즉 문두에 나온다.

> Recently, I read many books.   최근에 나는 많은 책을 읽었다

문장성분		표시	Into Korean	example
명사	뼈대	사람, 사물, 추상적 개념의 이름	주어/목적어/보어 역할	사과, 축구, 컵, 공부, 집중, 열정
동사		움직임, 상태를 표현	동사 역할	먹다, 읽다, 가지다, 닮다
형용사	살	형상, 모양을 표현	명사 수식 보어 역할	둥근, 예쁜, 시원한, 명쾌한
부사		다른 품사들의 의미를 구체화 해주는 표현	명사 빼고 다 수식 (동사, 형용사, 부사, 문장전체 수식)	매우, 갑자기, 최근에, 조용히, 명쾌하게

그런데 형용사, 부사가 추가된다고 해도, 2~3개정도 붙을 텐데, 이것만으로 문장이 3줄, 4줄.. 막 길어지는 건 아직도 이해가 가지 않는다. 문장이 길어지는 결정적인 이유, 두 번째 이유를 살펴보자.

 **단어 > 구 > 절**

두 번째 이유를 살펴보기 위해 목적어 자리에 뭐가 나오는지 자세히 살펴보자.

1) 단어 (명사)

I	want	books.	나는 **책을** 원한다
S	V	O (명사)	

목적어 자리에 당연히 명사가 왔다. 명사만이 목적어 역할을 할 수 있다고 했다.

2) 구 (명사구)

I	want	to go.	나는 **가는 것을** 원한다
S	V	O (명사구)	

이 문장에서 목적어는? want는 타동사다. 반드시 뒤에는 목적어가 나와야 한다. 이 문장에서 목적어는 'to go'. 영어에 목적어는 "~을"로 해석된다. 해석해보면 "가는 것을 원한다"로써 want의 목적어 역할을 하고 있다. 그런데 목적어 자리에는 명사만 올 수 있다고 하지 않았나? to go는 명사가 아니지 않는가. 명사는 아니지만 명사의 역할을 하는 **명사구**다. 명사구를 어떻게 만드는지는 나중에 설명하도록 하자. 명사구는 2개 이상의 단어로 구성된다. 10개 이상의 단어로 된 긴 명사구도 존재한다. 명사구는 묶어서 명사와 똑 같은 역할을 한다. 그렇다면, 주어 자리에도 명사대신 명사구가 나올 수 있을 것이다. 그러면 문장은 더 길어진다. 다음 구조도 살펴보자.

3) 절 (명사절)

I	said	that I had to go	나는 **내가 가야 한다는 것을** 말했다
S	V	O (명사절)	

said는 say의 과거형으로 반드시 목적어를 취해야 하는 타동사다. 이 문장에서는 that절이 목적어. 명사가 아닌 **명사절**이 목적어 역할을 했다. 절은 구보다는 조금 친숙한 개념일 것이다. 주어와 동사가 나오면 절이고, 그 앞에 명사절 접속사가 있으면 합쳐서 명사절이 된다. 명사절은 명사와 똑 같은 역할을 한다. 명사절이 목적어 자리에 쓰이면 문장은 더 길어지게 된다. 마찬가지로 주어자리에도 명사대신 명사절이 올 수 있다. 그러면 문장은 더 길어진다.

4. 뼈대바르기 - 덩어리로 묶어보기

문장이 길어지는 결정적인 **두 번째 이유**를 살펴봤다. 명사자리에 명사대신 **명사구**나 **명사절**이 오면서 문장은 길어진다. 이와 마찬가지로 명사를 꾸며주는 형용사 자리에 **형용사구**나 **형용사절**이 나오게 되면 문장은 더 길어진다. 마찬가지로 부사자리에 **부사구**나 **부사절**이 오면서 문장이 3줄, 4줄 마구 길어지는 것이다.

그러나 아무리 문장이 길어져도 우리가 '**구**'를 묶어서 하나의 덩어리로 볼 수 있다면, '**절'을 묶어서 하나의 단어처럼 덩어리로** 볼 수 있다면 문장은 하나도 복잡해 보이지 않을 것이다. 바로 이것이 **뼈대바르기의 포인트!** 덩어리로 묶어서 보면 문장을 단순화 시킬 수 있다. 그렇다면 '구'와 '절'은 어떻게 만드는지 살펴보자.

🎧 구와절 만들기

1) 구 만들기

① 전명구

I	want	books	_____ .
S	V	O	

빈칸에 하나의 단어를 쓴다면 어떤 품사를 써야 할까?
일단 뼈대가 완벽하게 갖춰진 문장이므로 추가로 나올 수 있는 건 '살'이다. '살'의 역할을 하는 품사는 형용사나 부사. 형용사는 명사 앞에 나와야 하므로 이 자리에는 나올 수 없고 빈칸은 부사자리! 문미에 나오는 부사는 동사를 꾸며준다고 했다. 그런데 이 자리에 만약 명사를 쓴다면?

I	want	books	Cafes. (×)
S	V	O	

"나는 책을 원한다, 카페들(×)" 당연히 틀린 문장이다. 명사는 뼈대역할을 하는 품사로 주어나 목적어 혹은 보어자리에만 올 수 있다.

그런데 문제는, cafes는 명사형태만 존재할 뿐 부사형태가 존재하지 않는다. 그렇다면 나는 여기에 추가로 명사를 쓰고 싶다면 어떻게 해야 할까? 명사를 추가로 쓰기 위해서는 뼈대문장에 이 명사를 연결해 줄 '연결어'가 있어야 한다. 명사를 연결해주는 연결어를 '**전치사**'라고 부른다.

I	want	books	in	Cafes. (×)
주절			전치사 +	n.

문장의 뼈대역할을 하는 '절'을 주인 역할, 메인 역할이라고 하여 '주절'이라고 부른다. 주절에 추가적으로 명사를 붙여 쓰고 싶으면 전치사만 있으면 된다.

전치사만 있으면 명사는 얼마든지 추가로 또 나올 수 있다. 이제 전치사 뒤에 나온 명사는 명사로 보지 말자. 앞에 나온 전치사와 하나의 덩어리로 묶어서 인식한다. 전치사와 명사를 합쳐서 '전명구'라고 부른다. 영어에서 **구를 만드는 첫 번째 방법은 전명구!**

I	want	books	in cafes .
S	V	O	전명구(부사구)

밑줄 친 부분에 하나의 단어를 쓴다면 부사가 들어올 자리라고 했다. 그러므로 '전치사+명사=전명구'는 합쳐서 부사의 역할, 즉 부사구의 역할을 한다. 전명구는 부사구 외에도 명사를 꾸며주는 형용사구의 역할을 한다. 형용사구의 기능은 나중에 살펴보도록 하자. 어찌됐건, 형용사구건 부사구건 '뼈대'는 아니고 '살'의 역할이다.

전명구는 부사나 형용사의 자리에 나올 수 있으므로 문미에만 오는 것이 아니라 여기저기 사방에 쓰일 수 있다. 문장에 전명구가 끼어들기 때문에 문장이 지저분하고 복잡하게 보인다. 이제 **전치사가 나오면 항상 명사와 함께 묶어서 발라내는 연습**을 해보자. 전명구만 발라내도 뼈대구조가 훤히 보이기 시작한다. 뼈대구조만 제대로 해석해도 해석이 삼천포로 빠지지는 않는다.

(In the night),	**students**	(of my age)	**were reading books**	(in cafes).
전명구	S	전명구	V O	전명구
(밤중에)	(내 나이 또래의)	**학생들이**	(카페에서)	**책을 읽고 있었다.**

😊 기본 전치사는 알아두자!

전명구만 발라내도 문장이 아주 단순화된다. 그런데 누가 전치사인지를 모른다면, 뼈대바르기를 할 때 아주 난감해진다. 전치사는 정규반에 올라가서 자세하게 배우겠지만, 일단 기본 전치사는 익혀두고 가자!

in	~안에	to	~에	by	~에 의해
at	~에서	from	~로부터	under	~아래에
on	~위에	with	~와 함께	out of	~로부터
for	~를 위해	of	~의	into	~안으로

② 준동사구

```
    S        V        O    _____V_____ . (X)
```

이제 영어에서 **구를 만드는 두 번째 방법, 준동사구**를 살펴보자.
주어/동사/목적어의 뼈대가 완벽하게 갖춰진 문장에 추가적으로 동사를 또 쓸 수 있을까?
없다. 동사는 영어 문장에서 하나만 나올 수 있다. 동사가 또 추가적으로 나오기 위해서는 접속사가 있어야 한다.

```
    I       said      that I had to go
            V         접속사        V
```

주절의 동사(said)가 이미 존재하지만 접속사(that)가 있기 때문에 동사(had to go)가 또 추가적으로 나올 수 있었다.
그렇다면 접속사는 없는데, 의미상 동사를 꼭 써야 한다면?
그럴 경우에는 보조동사 (to do / ing / p.p)를 쓰면 된다.

```
    I       want      to go
            V         to부정사
```

to부정사는 본동사(want) 자리, 즉 주절의 동사 자리에는 쓰일 수 없다. 보조적인 동사로써 추가로 동사를 쓰고 싶을 때 사용된다. ing/p.p도 마찬가지다. 그러나 이들은 동사에서 파생된 형태이기 때문에(동사에 to를 붙이거나, ing/ed를 붙인 형태), 동사의 성질은 그대로 가지고 있다. 만약 to부정사 자리에 타동사가 나왔다면 그 뒤에는 반드시 목적어가 있어야만 한다. 그리고 동사의 성질을 가지므로 부사, 혹은 부사구 역할을 하는 전명구의 수식도 받을 수 있다.

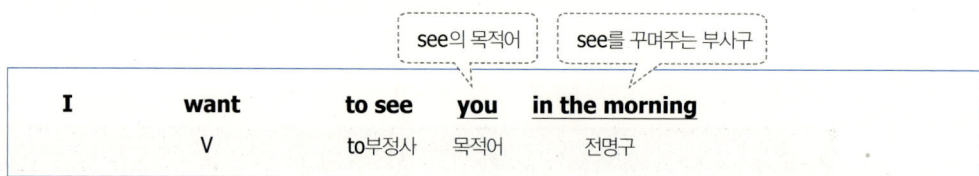

```
    I       want      to see    you    in the morning
            V         to부정사   목적어   전명구
```

완전한 동사는 아니지만 이렇게 동사의 성질을 그대로 가지기 때문에 동사에 '준'한다고 하여 이들을 '**준동사**'라고 부른다. 영어에 준동사는 to부정사, ing, p.p, 이렇게 3개 뿐이다. 앞으로 문장에서 준동사를 보면 항상 묶어서 덩어리로 인식한다. 영어에서 '구'를 만드는 두 번째 방법은 '준동사구'다.

그런데 준동사구는 전명구보다는 훨씬 까다롭다. 전명구는 묶어주는 게 중요할 뿐, 굳이 형용사구인지 부사구인지 따질 필요가 없다. 전치사의 의미에 맞게 해석만 잘 해주면 된다. 그런데 준동사는 묶어준다고 끝이 아니다. 명사구냐 형용사구냐 부사구냐를 구분해주는 게 제일 중요하다. **무슨 구냐에 따라 해석이 완전히 달라지기 때문이다.**

I	want	[to go]	
S	V	O–명사구	"가는 것"

to부정사를 묶어봤다. go는 자동사이기 때문에 뒤에 목적어가 없다. 아무런 수식어구도 없기 때문에 단촐하게 2개의 단어로 구성됐다. 일단 묶은 다음, 중요한 건 '무슨 구' 역할인지를 분석하는 것이다. 전체 문장 내에서 위치를 가지고 판단한다. 묶어서 하나의 덩어리로 봤더니 동사 뒤에 위치한다. 동사(타동사) 뒤는 목적어 자리! 목적어 역할을 했으니까 명사구 역할. 그러면 이제 명사구답게 해석해주면 된다. "나는 가는 것을 원한다 ⇒ 나는 가고 싶다"

I	have	a plan	[to go]	
S	V	O	형용사구	"갈"

여기서도 똑 같은 'to go'가 나왔다. 그러나 해석은 전혀 달라진다. 문장 안에서 위치를 보면 목적어 뒤에 나왔다. 목적어가 이미 앞에 있으므로 또 목적어가 될 수는 없다. 완벽한 뼈대구조 뒤에 추가로 나왔으므로 형용사구나 부사구가 될 텐데, 명사 뒤에 나왔으므로 형용사구. 일단 준동사구가 명사 뒤에 나오면 명사를 꾸며주는 형용사구로 판단! (자세한 사항은 아래 참조). 형용사구로 쓰이면 to부정사구는 "~할"로 해석된다. 동사가 '가다'의 의미니까 '가할(×)'은 어색하고 "갈 계획"으로 해석!

똑같이 생긴 건 'to go'인데 명사구냐 형용사구냐에 따라 해석이 전혀 달라진다. 부사구일 때는 또 달라진다. 자세한 내용은 뒤에 나올 준동사 파트에서 배운다. 그러므로 준동사구는 묶어준다고 끝나는 게 아니고 문장 내 위치를 통해서 무슨 구로 쓰였는지를 파악하는 게 가장 중요하다. ing/p.p도 마찬가지. 명사구, 형용사구, 부사구가 각각 해석이 달라진다.

> 😊 **형용사 vs 형용사구**
>
> 형용사는 하나의 단어로 구성되기 때문에 명사 앞에 위치한다. 그러나 형용사구나 형용사절은 여러 개의 단어가 조합된 덩어리로 너무 길기 때문에 명사 앞에 오지 못하고 항상 명사 뒤에 온다. 뒤에서 앞에 있는 명사를 꾸며준다. 우리말과 영어의 큰 차이점 중 하나!
>
> a *good* plan   vs   a plan *to go*
>
> 좋은 계획 (형용사 – 명사 앞에 위치)   갈 계획 (형용사구 – 명사 뒤에 위치)

2) 절 만들기

```
S + V + O    S + V + O. (X)
```

마지막으로 절을 만드는 방법을 살펴보자. 이미 문장 안에 메인 역할을 하는 '주절'이 있는데 또 절을 추가할 수 있을까?

없다. 영어 문장에 절은 하나만 나올 수 있다. 그런데 또 절을 쓰고 싶다면?

```
S + V + O   접속사  S + V + O. (O)
└── 주절 ──┘
```

주절 뒤에 또 절을 쓰고 싶다면 추가로 나오는 절을 원래의 주절에 연결시켜 줄 연결어만 있으면 된다. 그게 바로 **접속사**. 접속사만 있다면 얼마든지 절은 또 나올 수 있다. 앞으로 접속사가 나오면 접속사와 함께 그 뒤에 나오는 절을 한꺼번에 묶어준다. 묶어서 하나의 덩어리로 인식한다.

```
S + V + [ 접속사 S + V + O ].
              O - 명사절
```

위에서처럼 접속사 끼고 있는 절이 동사 뒤에 나왔다면 목적어 역할을 하고 있는 것. 목적어 자리에는 명사만 나올 수 있으므로 이 절은 **명사절**이 된다. 만약 명사를 꾸며준다면 '**형용사절**', 이도 저도 아니고 부가적으로 독립적으로 쓰였다면 '**부사절**'의 역할.

그런데 절의 경우는 준동사구보다는 구분하기가 쉽다. 접속사 자리에 부사절 접속사가 나온다면 묶어서 부사절의 역할이고 명사절 접속사가 나왔다면 묶어서 명사절의 역할. 접속사만 봐도 무슨 절인지 구분할 수 있다. 대신, 접속사의 종류는 알고 있어야 한다. 앞으로 하나씩 전부 배워나갈 것이다.

```
S + V + O   [ 전치사 + n. ]                  전명구
S + V + O   [ ing / p.p / to do + 목적어 + 전명구 ]   준동사구
S + V + O   [ 접속사 + S + V + O ]            절
```

이게 영어 문장의 전부. 이 구조를 벗어나는 문장은 없다. 동시토익에서 공부한 친구들이 후기마다 '뼈대바르기'를 예찬하는 이유는 뼈대바르기가 문장구조를 분석하는 가장 단순하고 효율적인 최적의 툴이기 때문이다.

우리가 앞으로 문장을 분석할 때 **묶어야 할 것은 3가지**! 1) 전치사가 나오면 그 뒤의 명사까지 한꺼번에 묶어서 덩어리로 본다. 2) 준동사(**to do, ing, p.p**)가 나오면 뒤에 나오는 목적어나 전명구를 한꺼번에 묶어서 본다. 3) 접속사가 나오면 그 뒤에 나온 절까지 묶어서 하나로 인식한다. 이 세 가지.

우리는 문장을 볼 때 덩어리로 묶은 다음, 4가지의 품사로 문장을 분석할 것이다. 접속사가 나와서 접속사가 끼고 있는 절을 묶었는데 명사절의 역할을 했다면 하나의 명사로 본다. 부사절이라면 하나의 부사로 인식한다. 이렇게 명사 / 형용사 / 부사 / 동사 4가지의 품사로 모든 문장을 분석해볼 것이다.

영어에는 8개의 품사가 있다고 한다. 우리는 8품사를 거의 다 배웠다.
하나씩 읊어 보자. 뼈대역할을 하는 **명사**와 **동사**. 살의 역할을 하는 **형용사**와 **부사**. 그리고 연결어 역할을 하는 2가지. 명사를 연결하는 **전치사**. 절을 연결하는 **접속사**. 벌써 6개다. 그리고 명사를 대신하는 **대명사**. 마지막 하나는 그리 중요하진 않지만 'Bravo'와 같은 **감탄사**. 이렇게 총 8가지다. 앞으로 반복적으로 언급될 것이므로 품사의 이름과 역할은 반드시 외워두고 가자!

품사		개념	기능	example
명사	뼈대	사람, 사물, 추상적 개념의 이름	주어/목적어/보어 역할	사과, 축구, 컵, 공부, 집중, 열정
동사		움직임, 상태를 표현	동사 역할	먹다, 읽다, 가지다, 닮다
형용사	살	형상, 모양을 표현	명사 수식, 보어 역할	둥근, 예쁜, 시원한, 명쾌한
부사		다른 품사들의 의미를 구체화해 주는 표현	명사 빼고 다 수식(동사, 형용사, 부사, 문장전체 수식)	매우, 갑자기, 최근에, 조용히, 명쾌하게
전치사	연결어		명사를 연결	in / at / on..
접속사			절 연결	when / that / which..
대명사			명사를 대신하는 말	you / me / anything
감탄사				Oh / Bravo

[품사 구분연습]

문장을 분석하는 툴인 뼈대바르기를 이론적으로 배워봤다. 그러면 이제 실제로 문장분석에 적용해보자. 일단 뼈대바르기에 앞서서 각 품사의 이름과 기능에 익숙해지기 위해 다음의 문장들을 가지고 '품사 구별하기' 연습을 해보자. 박스에 들어있는 단어들의 품사를 각각 명시해보자.

1. 자전거 도로를 가지고 있는 도시의 거주자들에게는 자전거가 선호되는 교통 수단이다.

2. 가격이 지난 5년동안 상당히 증가했다.

3. 당신이 복사기를 사용할 때, 모든 시스템 오작동도 부장님의 책상에 있는 파란 책에 기록해두세요.

4. 우리는 당신의 비행기의 연착에 대해 우리의 사과를 드리기를 원합니다.

5. 정부는 관광의 하락세가 경제에 나쁜 영향을 미칠 수 있을 것이라고 발표했다.

6. 우리 회사의 엄격한 보안 정책에 따라서 각 직원은 인트라넷 비밀번호를 15일마다 갱신해야 한다.

[문장성분 구분연습]

뼈대에 해당하는 필수요소, 주어/목적어/보어/동사를 찾아서 표시해보자.

1. 자전거 도로를 가지고 있는 도시의 거주자들에게는 자전거가 선호되는 교통 수단이다.

2. 가격이 지난 5년동안 상당히 증가했다.

3. 당신이 복사기를 사용할 때, 모든 시스템 오작동을 부장님의 책상에 있는 파란 책에 기록해두세요.

4. 우리는 당신의 비행기의 연착에 대해 우리의 사과를 드리기를 원합니다.

5. 정부는 관광의 하락세가 경제에 나쁜 영향을 미칠 수 있을 것이라고 발표했다.

6. 우리 회사의 엄격한 보안 정책에 따라서 각 직원은 인트라넷 비밀번호를 15일마다 갱신해야 한다.

[뼈대바르기 연습]

이제 준비작업이 끝났으면 영어문장으로 본격적인 뼈대바르기 연습을 해보자. 일단 뼈대역할을 하는 주어/동사/목적어/보어를 찾고 구와 절은 묶어준다. 우리가 묶어야 할 것은 3가지. **전명구, 준동사구, 접속사 끼고 있는 절**은 묶어준다. 이때 준동사구와 절의 경우는 문장의 위치를 기준으로 어떤 품사의 역할을 했는지, 명사구, 형용사구, 부사구인지, 혹은 명사절, 형용사절, 부사절인지를 명시한다.

1. Bicycles are the preferred means of transportation for residents of cities with bike lanes.

   해석]

2. The price has significantly risen in the last five years.

   해석]

3. When you use the copier, please record all system failures in the blue book on the manager's desk.

해석]

4. We wish to offer our apologies for the delay to your flight.

해석]

5. The government announced that the decrease in tourism could have adverse effect on the economy.

해석]

6. Each employee must renew their intranet password every fifteen days according to the strict security policy of our company.

해석]

동시토익

Unit 2 동사의 종류

뼈대구조부터 배워본다. 영어의 뼈대구조가 항상 일정하지는 않다. 자꾸만 바뀐다. 뼈대만 제대로 해석해도 삼천포로 빠지진 않는다고 했다. 그렇다면 뼈대구조만큼은 제대로 해석할 수 있어야 한다. 영어의 다양한 뼈대구조를 가장 단순화시켜 분류한 체계가 5형식이다. 기본적인 다섯 가지 뼈대구조를 먼저 익히고 가자.

영어가 어려운 첫 번째 이유는 영어와 우리말이 매우 다르기 때문이다. 뭐가 그리 다른지 먼저 살펴보자.

English vs. Korean (영어와 우리말의 차이)

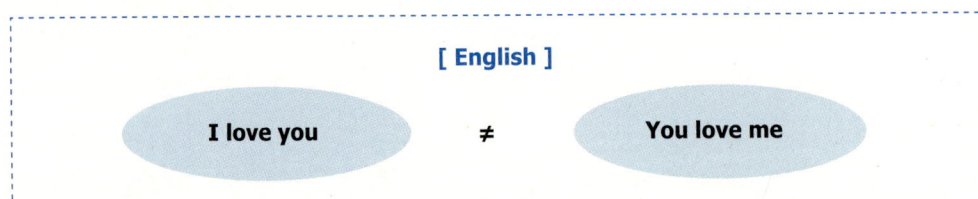

영어는 논리어
① 어순이 중요 - 어순이 한국어의 조사역할을 하므로 절대로 어순이 바뀔 수 없다
② 필수요소(주어 / 동사 / 목적어)는 생략할 수 없다.

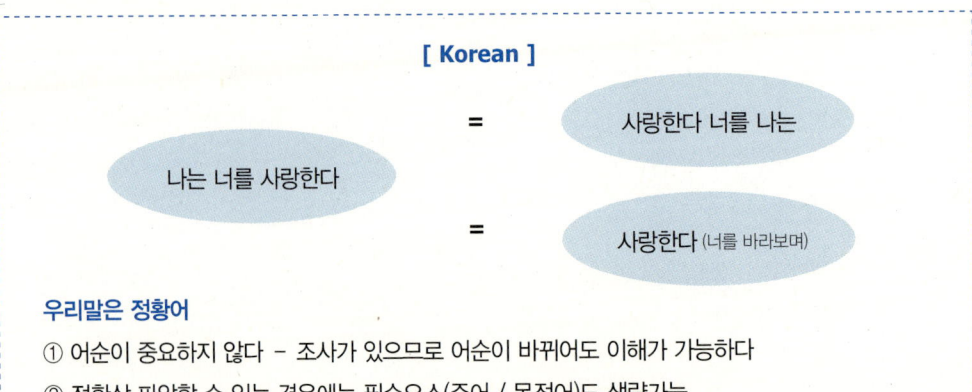

우리말은 정황어
① 어순이 중요하지 않다 - 조사가 있으므로 어순이 바뀌어도 이해가 가능하다
② 정황상 파악할 수 있는 경우에는 필수요소(주어 / 목적어)도 생략가능

◉ 영어의 어순을 무시하고 정황상 판단에 근거한 해석 ⇒ 영어 학습에 가장 큰 걸림돌!
앞으로 우리는 영어문장을 해석할 때 어순을 존중하는 연습을 해나갈 것이다. 각 문장성분에 맞게 동사 앞에 나온 명사(주어)에는 '은,는,이,가'라는 주격조사를, 동사 뒤에 나온 명사(목적어)에는 '을,를'이라는 목적격 조사를 붙여 해석한다. 직역을 하면 자칫 어색해질 수도 있다. 그렇다고 처음부터 의역을 하다가는 다시 삼천포로 빠지게 된다. 직역을 하면 어색할 지언 정 의미상 오류가 생기지는 않는다. 앞으로 3강 동안은 문장의 뼈대구조를 어순에 맞게 직역하는 연습을 해나간다.

> **S** (주어) "은/는, 이/가"   **V** (동사) "~ 다"   **O** (목적어) "을/를"

1. 문장의 중심은 본동사 : 동사가 문장의 운명을 결정한다

복잡한 문장일수록 가장 중요한 건 문장의 중심인 본동사를 찾는 것이다. 그러면 본동사의 앞은 주어, 본동사의 뒤는 목적어임을 파악할 수 있다. 그 뿐만 아니라 동사를 봐야 동사 뒤에 문장이 어떻게 전개될지를 예측할 수 있다. 이것이 영어에서 동사가 어려운 이유이기도 한데, 영어의 동사는 저마다 선호하는 문장구조가 정해져 있다. 이것을 '동사의 용법'이라고 한다. 각 동사의 용법을 알고 있으면 그 동사 뒤에 어떤 문장구조가 나올지를 미리 예측할 수 있기 때문에 구조분석이 쉬워진다. 그러므로 동사를 공부할 때, 동사의 뜻만 알고 넘어간다면 동사의 뒷다리만 만져보고 넘어가는 격이다. 동사를 공부할 때는 동사의 용법을 반드시 익혀야 한다. 이번 장에서는 뼈대구조와 함께 각 구조로 잘 쓰이는 대표동사들을 모두 정리한다.

2. 무수히 다양한 영어 뼈대구조를 가장 단순화시킨 다섯 가지 구조

문법학자에 따라 뼈대구조를 몇 가지로 분류하느냐는 제각각이다. 어떤 학자는 7가지로, 어떤 학자는 13가지로 구분하기도 하고, 영국의 권위 있는 사전인 Oxford는 동사의 용법에 따라 대표적인 문장구조를 20가지로 나누고 있다. 전부 별로 내키지 않는다. 틀이 너무 복잡하면 효율성이 떨어진다. 영어에 문장구조를 비슷한 것끼리 묶어서 가장 단순화 시킨 분류체계가 5형식이다. 우리는 이 5형식의 틀을 가지고 문장구조를 다섯 가지로 나눠서 공부한다. 뼈대만 제대로 잡으면 그 다음은 살만 붙여가면 된다. 뼈대구조를 '어순에 맞는 직역연습'을 통해 마스터 해보자.

3. 자동사 vs 타동사

동사를 크게 둘로 나누라면 자동사(Vi)와 타동사(Vt)로 나뉜다. 자동사는 스스로 완벽해서 목적어를 필요로 하지 않는다. 자동사 뒤에 목적어가 있으면 틀리는 문장. 타동사는 목적어에 의존하는 동사라서 타동사 뒤에 목적어가 없으면 틀리는 문장이 된다. 한국어와 무지 다른 영어이지만, 기본적으로 자/타동사 구분은 한국어와 비슷한 점이 많다. 목적격 조사인 "~을,를"을 붙여봐서 자연스러우면 영어도 목적어가 필요한 타동사인 경우가 많다. "~을,를"을 붙여봐서 어색하면 자동사인 경우가 많다. 그렇지만 딱 맞아떨어지는 것이 아니기 때문에 이 틀에서 벗어나는 동사들은 주의해서 외워둬야 한다.

> "계획을 변경했다(O)" "지갑을 잃어버렸다(O)" change, forget 타동사 Vt
> "~을 성공했다(X)" "~을 발생했다(X)" succeed, occur 자동사(Vi)

[Unit 2] 동사의 종류

[동사가 결정하는 영어의 다섯 가지 대표적인 뼈대 구조]

1 형식 : S + Vi + (전 + n.)

He works hard. / I go to school.

S (은,는/이,가) **+ Vi +** (전치사 + n.)

2 형식 : S + Vi + C

I am happy. / I am a student.

S (은,는/이,가) **+ Vi + C**   1. 형용사 보어 : 주어의 상태 2. 명사 보어 : 주어와 동격

3 형식 : S + Vt + O (전 + n.)

He changed the plan. / I spend a lot of time on a project.

S (은,는/이,가) **+ Vt + O** (~을, 를) **+** (전치사 + n.)

4 형식 : S + Vt + O + O

He gave me a book.

S (은,는/이,가) **+ Vt + O** (~에게) **+ O** (~을,를)

5 형식 : S + Vt + O + O.C

He makes me happy. / I want you to go.

S (은,는/이,가) **+ Vt + O** (은, 는/이, 가) **+ O.C**   목적어를 주어처럼 해석

1. 1형식

1) S + Vi

He works hard.
S   Vi   그는 열심히 일한다

"가다, 오다"	go, come, arrive, proceed
"발생하다"	occur, happen, arise
"존재하다"	exist, live
"작동하다"	work, operate, function

2) S + Vi + (전 + n.)

I'm working (on the document).
S   Vi   전명구   나는 서류 작업 중입니다

○ 자동사 뒤에 추가적으로 명사가 나오려면 반드시 전치사가 있어야 한다. 이때 늘 특정 전치사와 짝꿍이 되는 자동사는 반.드.시. 외워둬야 한다. 매달 한 문제씩 꼭! 나오는 유형.

필암기!

arrive at 도착하다, **c_____ with** 준수하다, **contribute to** 기여하다, **proceed _____** ~을 진행하다, **proceed to** ~로 가다, **result in** ~의 결과를 초래하다, **result from** ~로부터 결과가 초래되다, **refer _____** 조회하다, 참고하다, **consist of** ~로 구성되다, **subscribe to** 구독하다, **participate _____** 참석하다, **enroll in** 등록하다 **respond, react, reply to** ~에 반응하다, 대답하다, **deal with** 다루다, 처리하다, **rely on, depend on** 의존하다, **register _____** 등록하다, **fill out** (서식을) 작성하다, **agree on, to, with** ~에 동의하다.

3) There + Vi + S

There is a house.
부사 V   S   집이 **있다**

There are houses : 동사 수일치는 be동사 뒤에 명사와 맞춘다

[Unit 2] 동사의 종류

1형식 Summary		
1형식	S + Vi	He works hard.
	S + Vi + 전 + n.	I'm working on the document.
		arrive at / comply with / proceed with / proceed to / result in / result from / refer to / consist of / subscribe to / participate in / enroll in / respond (react, reply) to / deal with / rely on, depend on / register for / fill out / agree on, to, with
	There ~	There is a house.

[확인학습]

1. Next month's workshop is intended to help small business owners (proceed / develop) their marketing plans.
2. You have to (participate / register) for the conference.
3. There were (changed / changes) to the schedule of the monthly meetings.

[뼈대바르기 연습 Review]

1. The accident occurred yesterday.

해석]

2. The company is proceeding with its new plan.

해석]

3. There is a slight change to the today's conference schedule.

해석]

4. I'll be working with Sarah on your account.

해석]

5. Nowadays we rely increasingly on computers for classes in the schools.

해석]

6. You must comply with rules.

해석]

7. There is a need for a change in the laws regarding property.

해석] _____

8. Her work has contributed enormously to our understanding of this difficult subject.

해석] _____

9. She registered for one of the three online training sessions.

해석] _____

10. This year's lack of interest in conference topics resulted in a sharp decline in attendance.

해석] _____

[기본 문장 영작연습]

1. 그는 열심히 일한다.

영작] _____

2. 나는 서류 작업 중이다.

영작] _____

3. 집이 있다.

영작] _____

[뼈대바르기 연습 Preview]

1. He is on duty. (_____ 형식)

해석] _____

2. I know that you are busy.(_____ 형식)

해석] _____

3. I spend a lot of time on a project.(_____ 형식)

해석] _____

4. He gave me a book. (_____ 형식)

해석] _____

5. She informed me that she would come.(_____ 형식)

해석] _____

2형식

1) S + V + C (형용사) : 형용사 보어는 주어의 상태 묘사

I am happy.
S Vi C   나는 행복하다

😊 be동사 뒤에서 형용사 고르기

[be_____] 빈칸에 형용사를 고르는 문제는 매달 출제된다. 3초짜리 문제!

그런데 은근히 많이 틀린다. 해석에 의존하면 영 어색하게 느껴지기 때문이다.

| happy | 행복한 |

| be happy | 행복하다 |

형용사가 be동사 뒤에서 보어역할을 할 때는 형용사가 아닌 '**동사처럼**' 해석이 된다. 해석에 의존해서 문제를 풀게 되면 먼저 동사를 골라야 한다는 생각에 보기 중에 나온 형용사는 무시하기 쉽다. 그러므로 be동사 뒤에 빈칸이 있다면 반드시 구조상 형용사가 올 수 있음을 먼저 생각하자!

be quiet	조용히 해!
be careful	조심해!
He is aware of the news	그는 그 소식을 알고 있다

---

2) S + V + C (명사) : 명사보어는 주어와 동격

I am a student.
S Vi   C   나는 학생이다 : 나 = 학생

3) S + V + C (전명구) : 전명구=형용사구 (형용사와 똑같이 상태묘사)

He is on duty.
S Vi C (전명구)   그는 근무 중입니다

○ 전명구는 '형용사구'의 기능을 한다. 그러므로 형용사 대신 be동사 뒤에서 보어역할을 할 수 있다. 앞으로 문장에서 자주 보게 될 것!

All office supplies are on sale.   모든 사무용품이 세일합니다
The elevator is out of order.   엘리베이터가 고장 났다

4) 대표적인 2형식 동사 : be, become, remain, seem

He is aware.   알고 있다
He became aware.   알게 됐다
He remains aware.   여전히 알고 있다
He seems aware.   아는 것으로 보인다

He is the best singer.   최고의 가수다
He became the best singer.   최고의 가수가 되었다
He remains the best singer. 여전히 최고의 가수다
He seems the best singer.   최고의 가수인 걸로 보인다

5) 2형식으로 잘 쓰이는 지각동사 (5감) : look, sound, smell, taste, feel

That sounds great.
S   Vi   C   그것은 좋은 생각이다

You look good.   너 보기 좋다
He felt disappointed.   그는 실망했다 (실망감을 느꼈다)
The soup smells great.   찌개 냄새 좋다

 3형식

1) S + V + O (~을/를)

He changed the plan.	
S Vt O	그는 계획을 바꿨습니다

2) 3형식의 확장

① S + V + to do (명사구)

I want (to attend the meeting).	
S Vt O (준동사구-명사구)	나는 (미팅에 참석하는 것)을 원합니다

② S + V + ing (명사구)

I enjoy (watching TV).	
S Vt O (준동사구-명사구)	나는 (TV 보는 것)을 즐긴다

③ S + V + O (명사절)

I know (that you are busy).	
S Vt O (명사절)	나는 (네가 바쁘다는 것)을 알고 있다

○ 목적어가 나올지, 안 나올지를 결정하는 것도 동사고, 만약 온다면 어떤 형태로 오는지를 결정하는 것도 동사다. 명사구/명사절 목적어를 취할 수 있는 동사는 정해져 있다. 뒤에서 정리한다.

④ S + V + O + (전 + n.)

I spend a lot of time (on a project).	
S Vt 형용사 O 전명구	나는 프로젝트에 많은 시간을 씁니다

○ S + V + O 뒤에 나온 전명구는 앞에 명사를 수식하는 형용사일 수도 있지만, 동사와 연관된 전명구인 경우가 더 많다. 자동사 중에 늘 특정 전치사와 짝꿍인 동사들을 외워놨듯이 타동사 중에서도 늘 특정 전치사와 짝꿍이 되는 동사들은 외워둬야 한다.

You have to **submit** it _____ him		당신은 그것을 그에게 제출해야 한다
congratulate you _____ your new job		새로운 직장에 대해 너를 축하하다
thank you _____ coming		와주셔서 너에게 감사하다
attach a photo _____ the application form		사진을 지원서에 붙이다
invest money _____ property		부동산에 투자하다
prevent him _____ sleeping		그가 자는 것을 막다
provide him _____ information		그에게 정보를 제공한다
vs **provide** information _____ **(to)** him.		정보를 그에게 제공한다

3) 자동사 같은 타동사 : "~을/를" 목적어를 취하지 않지만 타동사인 동사들

You have to attend the meeting tomorrow.
S　　　　Vt　　　O　　　　　　　　너는 내일 미팅에 참석해야 한다

d_____ the issue		문제에 대해 논의하다
r_____ a conclusion		결론에 도달하다
a_____ the Internet		인터넷에 접속하다
j_____ the company		회사에 입사하다
Don't m_____ it		그것에 대해 언급하다
please c_____ me		저에게 연락하세요

❍ "~을/를"이라고 해석되지 않지만 목적어를 직접 취하는 타동사이므로 주의해서 외워두어야 한다. 목적어와 짝꿍으로 반복적으로 읽어보며 입에 익혀두자.

 *4형식*

1) S + V + O (~에게) + O (~을/를) : 일반4형식

He gave me a book.
S   Vt   O   O   그는 나에게 책을 줬다

give 주다 **offer** 제공하다 **send** 보내다 **award** 수여하다

😊 모든 타동사는 3형식으로는 다 쓰인다

4형식은 3형식 구조에서 "~에게"라는 목적어가 하나 더 추가된 형태!

| **He gave a book.** | 그는 책을 줬다 | [3형식] |

"~에게" 목적어가 추가된 형태

| **He gave me a book.** | 그는 나에게 책을 줬다 | [4형식] |

😊 4형식은 수여동사. "~해 주다"로 해석

4형식으로 쓰일 수 있는 타동사는 매우 많다. 다 외울 수도 없고 외울 필요도 없다. 다만 동사 뒤에 명사가 두 개 나오면 4형식답게 해석만 잘하면 된다. 4형식은 "~해 주다"로 해석된다.

He bought me a book	그는 나에게 책을 사 **주었다**.
I'll make you a cake	나는 너에게 케익을 만들어 **줄 것이다**.
She read me a book	그녀는 나에게 책을 읽어 **주었다**.

2) S + V + O (~에게) + that (~을/를 : 명사절) : 특수4형식

① 목적어 자리에 반드시 명사절

> **She informed me (that she would come).** [4형식]
> S　　Vt　　O　　O (명사절)　　　　그녀는 나에게 그녀가 올 거라는 것을 알려줬다

◎ 특수4형식 동사는 두 번째 목적어자리에 일반명사는 올 수 없고 반드시 명사절이 온다. 이 구조로 쓰이는 동사는 아래 6개동사. 출세되면 만점짜리 문제!

> **inform** 알려주다　**notify** 알려주다　**assure** 안심시켜주다　**remind** 상기시켜주다
> **tell** 말하다　**advise** 알려주다

> ✗　**She informed me her decision.**

◎ 특수4형식 동사들은 일반4형식 구조(목적어 자리에 일반명사가 나오는 구조)로는 쓰이지 않는다.

② 3형식으로 쓰일 때도 '사람' 목적어

> **She informed me (of her decision).** [3형식]
> S　　Vt　　O　　전명구　　　　그녀는 나에게 그녀의 결정에 대해 알려줬다

◎ 일반 타동사들은 3형식구조에서 목적어 자리에 "~을/를"로 해석되는 명사가 나온다. 그러나 특수 4형식 동사들은 3형식으로 쓰일 때 반드시 목적어 자리에 "~에게"로 해석되는 '사람' 명사를 수반한다. 추가로 명사를 쓸 때는 전치사 of와 짝꿍!

> ✗　**She informed it.**
> 　　**She informed that she would come.**

③ Check Point

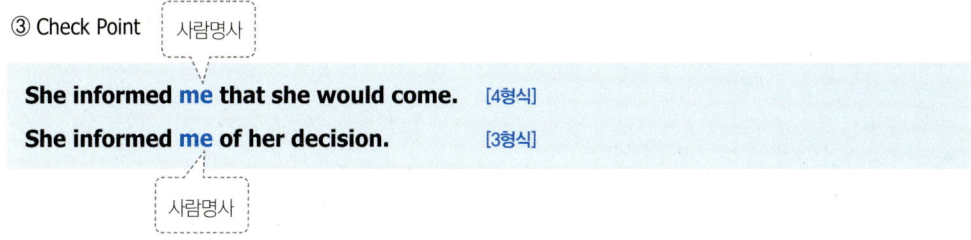

> **She informed me that she would come.** [4형식]
> **She informed me of her decision.** [3형식]

◎ 4형식으로 쓰이건, 3형식으로 쓰이건, 이 동사가 나오면 반드시 동사 뒤에 사람명사가 나왔는지 확인한다!

특수 4형식 동사와 혼동하기 쉬운 일반 3형식 동사들

 She mentioned me that she would come.

mention은 일반 3형식동사. 위와 같은 특수4형식 구조로 쓰일 수 없다. 해석해보면 "그녀는 올 수 없을 것이라고 나에게 언급했다" 자연스럽게 느껴지기 때문에 실수하기 쉬운 부분!

 She mentioned to me that she would come.

일반 3형식 동사 뒤에서는 사람명사가 바로 나올 수 없다. "~에게"로 해석되지 않고 "~를"로 해석되는 목적어만 사용할 수 있기 때문이다. 일반 3형식 동사 뒤에서 사람명사가 나오려면 전치사 'to'가 동반되어야 한다.

> She **explained** to me that ~
> She **suggested** to me that ~
> She **announced** to me that ~

[확인학습]

1. The warning lights are (clear / clearly) visible.
2. All senior financial analysts should (attend / participate) in the department meeting on Friday.
3. I (paid / spent) $15,000 on a new car.
4. You have to (submit / review) the report to the director by the end of the month.
5. This letter (reminds / explains) you that your subscription expires at the end of the month.

		2, 3, 4 형식 Summary	
2형식	S + Vi + C (형) – 상태	I am happy.	
	S + Vi + C (명사) – 동격	I am a student.	
	S + Vi + C (전명구) – 상태	He is on duty.	
	be / become / remain / seem		
3형식	S + V + O (명사)	He changed the plan.	
	S + V + O (명사구 : to do)	I want to attend the meeting.	
	S + V + O (명사구 : ing)	I enjoy watching TV.	
	S + V + O (명사절)	I know that you are busy.	
	S + V + O + [전 + n.]	I spend a lot of time on a project.	
	submit A to B / congratulate A on B / thank A for B / attach A to B / invest A in B / prevent A from B / provide s.b with s.t / provide s.t for (to) s.b		
	S + V + O ('~을' X)	You have to attend the meeting.	
	discuss the meeting / reach a conclusion / access the Internet / join the company / don't mention it / please contact me		
4형식	일반 4형식	S + V + O (에게) + O (을)	He gave me a book.
		give / offer / send / award	
	특수4형식	S + V + O + O (명사절)	She informed me that she would come.
		inform / notify / assure / advise / remind / tell	

[뼈대바르기 연습 Review]

1. Tickets are available on the web site. (____ 형식)
해석]

2. The store displays look great. (____ 형식)
해석]

3. Because of her superior organizational skills, Ms. Hwang is the obvious choice to lead the planning team. (____ 형식)
해석]

4. The newspaper ads were so successful. (____ 형식)
해석]

5. Photographs of roses, tulips, and other flowering plants will be on display. (____ 형식)
해석]

6. Meflin Information System is appreciative of your interest in our services. (____ 형식)
해석]

7. After Maria Lopez's promotion, she will be in charge of quality control of products. (____ 형식)
해석]

8. We need to work hard. (____ 형식)
해석]

9. I started working on the document. (____ 형식)
해석]

10. I hope that you enjoyed your lunch. (____ 형식)
해석]

11. We recently changed the name of our business from GNB Firnace to Syncorp. (____ 형식)
해석]

12. Anyone who wants to participate in the upcoming seminar should complete a registration card. (____ 형식)

해석]
_____

13. A representative from your company should be present to sign the contract. (____ 형식)

해석]
_____

14. Our company president decided to host a special celebration at the end of this month. (____ 형식)

해석]
_____

15. The sales people told me that the new email procedure is too complicated. (____ 형식)

해석]
_____

16. The president of Lars Steel Fabricators said that the company will begin buying raw materials abroad. (____ 형식)

해석]
_____

17. We offer customers a free home delivery service. (____ 형식)

해석]
_____

18. Please give him my regards. (____ 형식)

해석]
_____

19. We assure you that this type of error is very rare and you should not be experiencing any similar difficulties in the future. (____ 형식)

해석]
_____

[기본 문장 영작연습]

1. 나는 행복하다.
영작]

2. 나는 학생이다.
영작]

3. 그는 근무 중이다.
영작]

4. 그는 계획을 변경했습니다.
영작]

5. 나는 미팅에 참석하고 싶습니다.
영작]

6. 나는 TV 보는 것을 즐깁니다.
영작]

7. 나는 당신이 바쁘다는 것을 압니다.
영작]

8. 나는 프로젝트에 많은 시간을 씁니다.
영작]

9. 당신은 미팅에 참석해야 합니다.
영작]

10. 그는 나에게 책을 주었습니다.
영작]

11. 그녀는 그녀가 올 것이라고 나에게 알려줬습니다.
영작]

[뼈대바르기 연습 Preview]

1. We expect the price to increase.

해석] _____

2. He makes me happy.

해석] _____

3. I find it easy.

해석] _____

4. We elected him president.

해석] _____

5. He helped me find a job.

해석] _____

 5형식

5형식의 특징 – 목적어를 주어처럼 해석 "~이/가"

1) to부정사 목적보어

S + V + O (~이/가) + OC **to do** (~할 것을, ~하도록)

> **We expect the price to increase.**
> S   Vt   O   OC   우리**는** 가격**이** 증가할 **것을** 예상한다

ask ~가 ~할 것을 요청하다 **require** ~가 ~할 것을 요구하다 **allow** ~가 ~하도록 허용하다
enable ~가 ~하는 것을 가능하게 만들다 **expect** ~가 ~할 것으로 예상하다
encourage ~가 ~하도록 장려하다

☺ **S + V + O + to do 의 두 가지 구조 (5형식 vs. 3형식)**

We expect the price **to increase**. `5형식` vs. We use this tool **(to fix cars)**. `3형식`
S   Vt   O   OC   S   V   O   (준동사구-부사구)
(우리는 가격이 증가할 거라고 예상한다)   (우리는 차를 고치기 **위해서** 이 도구를 사용한다)

2) 형용사 목적보어

S + V + O (~이/가) + OC **형용사**

> **He makes me happy.**
> S Vt O OC
> 그**는** 나**를** 행복하게 만들어준다 / 그**는** 내**가** 행복하게 만들어준다

❍ make, keep, leave의 경우 목적어를 "~을/를"로 해석하는 것도 가능하다.

> **I find it (to be) easy.**
> S Vt O   OC   나**는** 그것**이** 쉽다고 느낀다

❍ 보어로 쓰인 형용사는 (be happy와 마찬가지로) 동사처럼 해석한다! find/consider의 경우 to부정사/형용사 둘 다 사용가능. find 는 5형식으로 쓰일 때 "발견하다(X)"가 아니고 "~라고 느낀다, 생각한다"로 해석!

make, keep, leave, find, consider

3) **명사 목적보어**

S + V + O (~이/가) + OC 명사

> **We elected him mayor.**
>
> S   Vt   O   OC
>
> (우리는 그가 시장이 되게 선출했다/ 우리는 그를 시장으로 선출했다)

◐ 명사목적보어를 취하는 동사들도 목적어를 "~을/를"로 해석해도 무방하다. 명사 목적보어는 목적어와 **동격**의 관계 (그=시장)

> **elect** ~를 ~로 선출하다 **appoint** ~를 ~로 지명하다 **call** ~를 ~라 부르다
> **name** ~를 ~라 이름 짓다, 지명하다 **consider** ~를 ~로 간주하다

4) **동사원형 목적보어**

S + V + O (~이/가) + OC 동사원형

> **Let me know.**
>
> Vt   O   OC   나한테 알려줘 / 내가 알도록 허용해라

> let, have, make, help

Have

I'll have my car fixed.   ['O-V'관계] have+목적어+p.p
나는 누군가를 시켜서 내 차를 고치게 만들 것이다

I'll have him fix my car.   ['S-V'관계] have+목적어+동사원형
나는 그를 시켜서 내 차를 고치게 만들 것이다

Help

He helped me find a job.   [5형식] help+목+동사원형
He helped me to find a job.   [5형식] help+목+to do
그는 내가 직장을 찾도록 도와줬다

He helped find a job.   [3형식] help+동사원형
He helped to find a job.   [3형식] help+to do
그는 (사람들이) 직장을 찾는 것을 도와줬다

5형식 Summary		
목적보어	예문	관계
형용사	I find it <u>easy</u>. 나는 그것이 쉽다고 느낀다	목적어의 상태
(동사의 종류)	m_____, k_____, l_____, f_____, c_____	
명사	We elected him <u>president</u>. 우리는 그가 대통령이 되도록 선출했다	목적어와 동격
(동사의 종류)	e_____, a_____, n_____, c_____, c_____	
동사원형	Let me <u>know</u> 내가 알도록 허용하세요, 나한테 알려줘	사역동사
(동사의 종류)	l_____, h_____, m_____, h_____	
To부정사	We expect the price <u>to increase</u>. 우리는 가격이 오를 것으로 예상한다	
(동사의 종류)	expect, ask, require, a_____, e_____, encourage, tell, advise ⇒ 외에도 이 구조로 쓰이는 동사는 매우 많음	

[해석연습]

1. They asked me to write my name on the form.
⇨

2. I encourage you to consider taking our next seminar.
⇨

3. The system enables him to manage his team effectively.
⇨

4. keep the car ready.
⇨

5. I find his attitude unbearable.
⇨

6. They named their son John.
⇨

7. I made him go.
⇨

8. I'll have him call you.
⇨ _____

9. It makes me think that you are right.
⇨ _____

확인학습

1. Our online services (allow, let) you to view your account.
2. Nakasone Engineering wants to make the partnership between the marketing and research departments (strong, strongly).
3. The Armani Group expects all of its employees (work, to work) in an efficient manner.
4. Employees agreed to have their wages (reduce, reduced).

[뼈대바르기 연습 Review]

1. If you give me your name and address, I'll have another copy sent to you.
해석] _____

2. Videoconferencing allows sales representatives to make presentation efficiently to the clients throughout the world.
해석] _____

3. We allow our club members to attend the seminar at no cost.
해석] _____

4. You can have your laundry delivered.
해석] _____

5. Last week's unusually cold weather makes farmers across the region worried about next season's harvest.
해석] _____

6. The Frozen Food Company expects its shipping department to process product orders in an efficient manner.
해석] _____

7. I'll call our supplier and ask him to send us boxes for the sample bottles.
해석]

8. We hope that these extended hours make our work more convenient.
해석]

9. Thank so much for helping me coordinate the training session for our sales representatives in the southern region.
해석]

10. Ms. Lee helped me select a design for business cards.
해석]

11. The drugs will help accelerate her recovery.
해석]

12. The travel agency advises international travelers to check that their passports are current before they travel abroad.
해석]

13. A recent survey named Streitel, Inc., one of the ten best small companies in the country.
해석]

14. Most employees welcomed the company's relocation to Heaventon because they considered it an attractive place to raise children.
해석]

[기본 문장 영작연습]

1. 우리는 가격이 증가할 거라고 예상한다.
영작]

2. 그는 나를 행복하게 만들어준다.
영작]

3. 나는 그것이 쉽다고 느낀다.
영작]

4. 우리는 그를 시장으로 선출했다.

영작]

5. 나는 누군가를 시켜서 내 차를 고치게 만들 것이다. (Have)

영작]

6. 나는 그를 시켜서 내 차를 고치게 만들 것이다. (Have)

영작]

7. 그는 내가 일자리를 찾도록 도와줬다. (Help)

영작]

8. 그는 일자리를 찾는 것을 도와줬다. (Help)

영작]

[뼈대바르기 연습 Preview]

1. The matter will be dealt with.

해석]

2. He was provided with the book.

해석]

3. I was given a book.

해석]

4. The price is expected to increase.

해석]

5. The repair is considered necessary.

해석]

6. He was elected mayor.

해석]

[동사총정리]

이 한 장에 정리된 동사들을 외우느냐 마느냐가 여러분의 독해수준을 결정할 것이다.

1형식		
S + Vi + 전+n.	I go to school.	arrive at, comply with, proceed with, proceed to, result in, result from, refer to, consist of, subscribe to, participate in, enroll in, register for, respond (= react, reply) to, deal with, rely (= depend) on, fill out, agree on/to/with
There + Vi + n.(주어)	There is a house.	There be + n.
2형식		
S + Vi + C	I am happy. I am a student. I am on duty.	be, become, remain, seem
3형식		
S + Vt + O(을)	He changed the plan. I want to attend the meeting. I believe that it is right.	
S + Vt + O + 전+n.	He provided me with a book.	
S + Vt + O(을(X))	I attended the meeting.	attend the meeting, join the company, discuss the issue, don't mention it, reach a conclusion, please contact me
4형식		
S + Vt + O(에게) + O(을)	I gave him a book.	give, offer, send, award
S + Vt + O(에게) + O(명사절)	He informed me that we had to go.	inform, notify, assure, remind, advise, tell
5형식		
S + Vt + O(이,가) + to부정사	We expect the price to increase.	expect, allow, enable, ask, require, encourage / remind, advise, tell, instruct
S + Vt + O(이,가) + 형용사 / ing/p.p	I find it easy. I find the story fascinating. Keep the door locked.	make, keep, leave, find, consider
S + Vt + O(이,가) + 명사	We elected him president.	elect, appoint, call, name, consider
S + Vt + O(이,가) + 동사원형	He helped me find a job.	let, make, have, help

[동사 최종점검 Practice]

아래 문장이 몇 형식인지 명시하고 각 빈칸에 들어갈 적절한 동사를 쓰고 해석하세요.

1. I _____ a lot of time on a project. [   ]
→ _____

2. We _____ him president. [   ]
→ _____

3. I'm _____ on the document. [   ]
→ _____

4. She _____ me that she would come. [   ]
→ _____

5. He _____ on duty. [   ]
→ _____

6. We _____ the price to increase. [   ]
→ _____

7. She _____ to me that she would come. [   ]
→ _____

8. He _____ me find a job. [   ]
→ _____

9. I _____ it easy. [   ]
→ _____

10. H _____ me a book. [   ]
→ _____

동사의 형태변화

동사의 변장 - 동사가 한결같이 같은 모습으로 남아 있어 주면 얼마나 좋을까. 그렇지만 동사는 변장의 변장을 거듭하기 때문에 다양한 형태변화가 존재한다. 그러나 변장 수법이 뻔하다. 그 수법인 태/시제/조동사를 알면 아무리 변장해도 한눈에 뻔히 보이게 된다

> make
> have been made
> will be made..

위와 같은 동사의 형태변화를 마스터해보자! 동사의 형태를 변화시키는 요소는 4가지 밖에 없다. 이것만 따져주면 동사의 형태를 골라오는 문제에서 틀릴 문제는 없다.

1 본동사 vs 준동사

앞으로 4강 동안은 본동사의 형태를 배운다. 준동사에는 to do/ing/p.p 3가지 형태가 있다. 준동사는 본동사를 배우고 나서 그 다음 챕터에서 배운다. 준동사를 배우고 나면 정리될 부분.

2 태

능동태냐 수동태냐를 구분.

3 수일치

동사 수일치 규칙은 단 하나! 주어자리에 '3인칭 단수명사'가 나오면 동사의 현재시제에 's'를 붙인다. 너무나 간단한 규칙임에도 불구하고, 수일치 때문에 동사형태문제를 틀리는 경우가 많다. 왜냐하면 우리말에는 없는 개념이기 때문에 자꾸 따져보는 것 자체를 잊어버리기 때문이다. 반드시 동사 수일치를 따져보는 것을 습관을 들이자.

> [1인칭, 2인칭, 복수명사 주어]
> **I play guitar / You play guitar / They play guitar / Children play guitar**
> [3인칭 단수명사 주어]
> **He play*s* guitar / She play*s* guitar / A child play*s* guitar**

4 시제

◐ 이 중에서 우선 태를 공부하고 그 다음 시제, 그리고 또 하나! 조동사까지 정리한다.

태

1. 수동태 만들기

> He changed the plan. (그가 계획을 변경했다)
>
> The plan was changed (by him). (계획이 그에 의해 변경됐다)

1. 목적어를 강조하기 위해 주어 자리로 이동
2. 동사는 be p.p로 전환 (be동사의 시제는 본동사(changed)의 시제와 일치시킨다)
3. 주어는 문미에 'by n.'로 전환. 수동태는 주어가 중요하지 않은 문장이기 때문에 'by+n.'는 종종 생략된다.

[수동태 만들기 연습]

1. Mr. Henderson established the company five years ago.
(핸더슨씨가 5년전에 회사를 설립했다 ⇒ 회사가 5년전에 핸더슨씨에 의해 설립됐다)

⇨ _____

2. The company will hold the conference in July.
(회사는 7월에 회의를 개최할 것이다 ⇒ 7월에 회의가 개최될 것이다)

⇨ _____

3. They delivered the product to me.
(그들이 제품을 나에게 배송했다 ⇒ 제품이 나에게 배송됐다)

⇨ _____

4. The company promoted Ms. Jackson to manager.
(회사는 잭슨씨를 매니저로 승진시켰습니다 ⇒ 잭슨씨는 매니저로 승진되었습니다)

⇨ _____

 수동태 → 능동태로 전환

수동태는 우리에게 생소한 형태. 수동을 능동으로 전환하는 연습을 자꾸자꾸 하다 보면 수동태를 이해하게 된다.

❶ be동사 삭제
❷ 'by s.b'가 없을 경우 주어는 알 수 없다
❸ 수동태의 주어는 능동태의 목적어 → 수동태의 주어를 동사 뒤(목적어 자리)로 이동

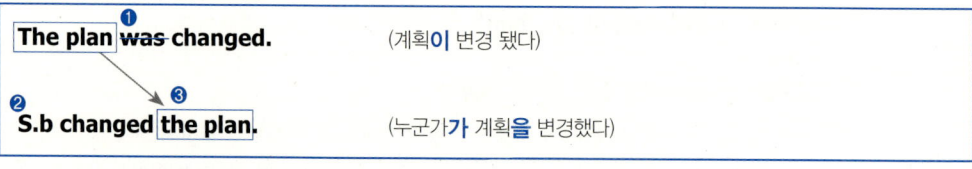

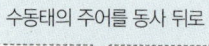

우리는 수동태 문장에 익숙하지 않기 때문에 수동태로 문제가 출제되면 오답률이 높아진다. 수동태를 능동태로 고치는 연습을 많이 하다 보면, 수동태 문장을 보는 순간 능동태 문장이 바로 연상된다. 그러면 문장을 파악하는 정확도와 속도가 당연히 빨라진다.

> ### 😊 make동사의 수동태
>
> make와 짝꿍이 되는 표현들은 굉장히 많다. 그런데 이 문장들이 수동태로 쓰이면 갑자기 어떻게 해석해야 할지 막막해진다. 능동태를 연상해서 해석하자!
>
> A decision was made "결정이 만들어지다(X)"
> ⇒ made a decision "결정했다" / A decision was made "결정됐다"
>
> A payment was made "대금지불이 만들어졌다(X)"
> ⇒ made a payment "지불하다" / A payment was made "지불됐다"
>
> An announcement was made. "발표가 만들어졌다(X)"
> ⇒ made an announcement "발표했다" / An announcement was made "발표됐다"

 태 결정

1) 능동 : "~하다" vs 수동 : be p.p "~ 되다"

한국말과 영어는 일대일 대응어가 아니다. 능/수동을 구분할 때 "하다" / "되다"로 의미상 접근할 경우 거꾸로인 경우가 많다. 그러므로 능/수동 구분은 해석에 의존하기 보다는 영어의 논리에 맞게 접근해야 한다.

2) 목적어의 유무

```
                목적어(O)
I    능동    the plan.           [능동태]
The plan    수동    by me.       [수동태]
                목적어(×)
```

> **주의** 'by me'와 같은 전명구는 형용사구/부사구의 기능을 하기 때문에 절대로 목적어가 될 수 없다! 목적어 자리에는 명사만!

2-1) 자동사는 예외

```
I arrived.                                    [능동태]
```

○ 자동사는 목적어가 없으므로 수동태를 만들 수 없다. 항상 능동태. 그러므로,

```
① 목적어(O) ⇒ 항상 능동
② 목적어(X) ⇒ 타동사면 수동 / 자동사면 능동
```

그런데 나는 자/타동사를 잘 구분할 자신이 없다면?

3) 주어와 의미상의 관계

```
I announced the plan.        '주어-동사' 관계    [능동태]
```

○ 주어(I)와 동사(announce)가 의미상 관계를 따져보면 "내가 발표했다(O)". 의미상도 역시 'S-V'관계다. 그러면 일반적인 구조인 능동태!

```
The plan was announced by me.   '목적어-동사' 관계   [수동태]
```

○ 주어(the plan)와 동사(announce)의 의미상 관계를 따져보니 "계획이 발표했다(X)", "계획을 발표했다(O)". 의미상은 'O-V'관계. 목적어가 주어자리로 이동한 수동태이므로 주어와 동사가 의미상은 'O-V'관계를 가진다. 이 경우는 수동태가 정답.

⑥ 태를 구분할 때는 항상 Double Check

1. 목적어의 유/무 : 목적어 있으면 ⇒ 능동 / 목적어 없으면 ⇒ 수동 (자동사는 예외)
2. 주어와의 의미상 관계 : 'S-V' 관계면 ⇒ 능동 / 'O-V' 관계면 ⇒ 수동

[확인학습]

1. Merchandise will not (be accepted / accept) for refund.
2. When you are (reserved / reserving) a room, please call in advance.
3. The finance manager (is concluded / concludes) that the company spent too much money on office equipment.
4. Sandy (plans / is planned) to open a new store.
5. The manager (has been arrived / has arrived) at the branch office.
6. All the questions from customers must be _____ as promptly as possible.
   (A) replied (B) responded (C) answered (D) reacted
7. The employment contract will be (terminated / expired) next month.

 '5형식'의 수동태

1) 3형식

S + be p.p + (전치사 + n.)   He was provided with a book.

He was provided (with a book).   그는 책을 제공 받았다

S provided him (with a book).   누군가가 그에게 책을 제공했다

● 수동태 문장이 바로 이해되지 않을 때는 능동으로 전환. (수동태의 주어를 동사 뒤로 / 전명구는 그대로 내려온다)

2) 1형식

S + be p.p + 전치사.   The matter is dealt with.

1형식 동사는 자동사이므로 원칙적으로 수동태가 불가능하다. 그러나 우리말로 수동으로 전환해봤을 때 자연스러운 문장은 영어로도 역시 수동태가 가능하다. 그러나 형태가 굉장히 특이하다. 자동사의 수동태는 전치사로 끝난다!

| I <u>deal with</u> the matter. | 내가 그 문제를 다룬다 |
| The matter is <u>dealt with</u> (by me). | 그 문제는 나에 의해 다루어진다 |

○ '자동사+전치사'를 묶어서 타동사 취급. 그러므로 자동사 수동태는 전치사로 끝나고 뒤에는 명사가 없다.

3) 2형식

절대 불가

is been (X) / is remained (X)

4) 4형식

S + be p.p + n. : "~을 받다"   He was given a book. 그는 책을 **받았다**

| S + V + O + O   I gave him a book. | "~에게 ~을 해주다" |
| S + be p.p + O   He was given a book. | "~을 받다" |

○ 4형식은 목적어가 2개라서 그 중 하나가 수동태 문장의 주어자리로 내려와도 여전히 뒤에 하나가 더 남는다. 모든 4형식은 "~에게 ~을 해 주다"라고 해석되므로 수동태는 "주다"의 반대인 "받다"로 해석된다.

5) 5형식

① 형용사 목적보어 : make, keep, leave, find, consider

| S + be p.p + OC(형) | The repair is considered necessary. 수리가 필요하다고 간주된다 |

| S + V + O + OC | I consider the repair necessary |
| S + be p.p + OC | The repair is considered necessary |

○ 5형식은 목적어가 주어자리로 이동하면 be p.p 뒤에 목적보어가 남는다. 형용사 보어를 취하는 동사(make, keep, leave, find, consider)는 뒤에 형용사를 수반한다.

② to부정사 목적보어 : expect, ask, require, allow, enable, encourage

| S + be p.p + OC(to do) | The price is expected to increase. 가격이 오를 것으로 예상된다. |

③ 명사 목적보어 : elect, appoint, call, name, consider

| S + be p.p + OC(n.) | He was elected mayor. 그는 시장으로 선출됐다. |

☺ be p.p to do~

to부정사를 목적보어로 취하는 동사들은 능동태보다 오히려 수동태로 더 많이 쓰인다. 형태에 익숙해지자!

You **are required to** attend the meeting.
당신은 미팅에 참석할 것이 요구됩니다 ⇒ 참석해야 합니다.

What **is** the woman **asked to** do?
그 여자는 무엇을 하도록 요구되고 있습니까?

No one **is allowed to** smoke in this building.
아무도 이 건물에서는 흡연을 하도록 허용되지 않습니다.

Customers **are encouraged to** make reservations early.
고객들은 예약을 일찍 할 것이 장려되는 바입니다.

	형태	예문
1형식	be p.p + 전치사	The matter will be dealt with.
2형식	절대불가	
3형식	be p.p + 전명구	He was provided with the book.
4형식	be p.p + n.	He was given a book.
5형식	be p.p + OC (형/to do/명)	The repair is considered necessary. The price is expected to increase. He was elected mayor.

[수동태 능동 전환 Practice]

1. Certain conditions have to be complied with. (____ 형식)

→

해석]

2. He was provided with information. (____ 형식)

→

해석]

3. I was offered a job. (____ 형식)

→

해석]

4. I was sent the letter. (____ 형식)

→

해석]

5. Students are required to submit a term paper. (____ 형식)

→

해석]

6. You will be allowed to board from 7 o'clock. (_____ 형식)

→

해석]

7. A photo should be attached to the application form. (_____ 형식)

→

해석]

8. The information will be made available to us. (_____ 형식)

→

해석]

9. Personal information will be kept confidential. (_____ 형식)

→

해석]

10. He was appointed vice president. (_____ 형식)

→

해석]

11. The company is called Landor Associates. (_____ 형식)

→

해석]

12. Employment applications must be filled out completely. (_____ 형식)

→

해석]

13. The money could more usefully be spent on new equipment. (_____ 형식)

→

해석]

[뼈대바르기 연습 Review]

보기가 있는 경우 정답을 먼저 고르고 뼈대바르기 하세요

1. The company's future sales may (affect, be affected) by the growth of its competitors. (____ 형식)

해석]

2. The finance manager (is concluded, concluded) that the company spent too much money on office equipment. (____ 형식)

해석]

3. All the applications must be (directing, directed) to the personnel department. (____ 형식)

해석]

4. The management (is concerning, is concerned) about the current lack of labor. (____ 형식)

해석]

5. Charming International Hotel (has situated, is situated) in the heart of Naples. (____ 형식)

해석]

6. The passengers are asked to take their seats before takeoff. (____ 형식)

해석]

7. The employees were informed of the change in the company policy. (____ 형식)

해석]

8. Bill Gates is considered a great CEO in the computer industries today. (____ 형식)

해석]

[기본 문장 영작연습]

1. 그 문제가 다뤄질 것입니다.

영작]

2. 그는 책을 제공 받았습니다. (3형식)

영작]

3. 그는 책을 받았습니다. (4형식)

영작]

4. 가격이 오를 것으로 예상됩니다.

영작]

5. 수리가 필요한 것으로 간주됩니다.

영작]

6. 그는 시장으로 선출되었습니다.

영작]

[뼈대바르기 연습 Preview]

시제에 유의해서 해석해보세요

1. What do you do? / What are you doing?

해석]

2. When the meeting is over, call me.

해석]

3. I lost my wallet yesterday.

해석]

4. He is coming back this afternoon.

해석]

5. I will be studying this weekend.

해석]

시제

시점 vs. 기간

시점 : 점에 해당하는 시간개념 단순시제 (현재, 과거, 미래)
기간 : 두 개의 시점에 걸쳐져 있는 시제 완료시제 (현재완료, 과거완료, 미래완료)

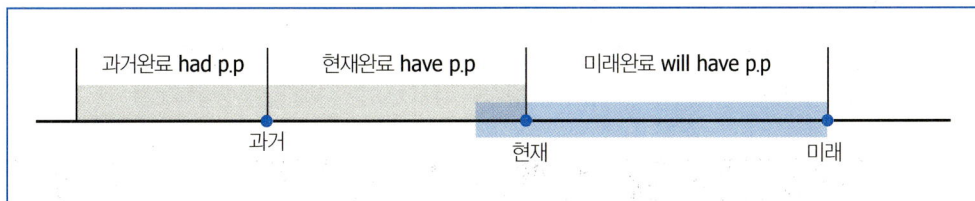

일단은 시제의 형태에 익숙해지는 것이 중요하다. 아래 단순한 문장을 가지고 각각의 시제를 형태에 맞게 써보고 한국말로 해석해보면서 시제의 뉘앙스를 연습해보자!

동사의 시제변화 (make-made-made)

시제	형태	예문	into Korean
현재		He makes cakes	그는 케이크를 만든다 (제빵사다)
과거		He	
미래	will + 동사원형	He	
현재진행	is, are ~ing	He	
과거진행	was, were ~ing	He	
미래진행	will be ing	He	
현재완료	have p.p	He	
과거완료	had p.p	He	
미래완료	will have p.p	He	
현재완료진행	have been ing	He	
과거완료진행	had been ing	He	×
미래완료진행	will have been ing	He	×

p.p 의 두가지 기능

be p.p   vs.   have p.p / had p.p / will have p.p
(수동태)   (완료시제 – 능동태)

be동사의 시제변화 (is,are-was,were-been)

be동사와 have동사의 형태변화가 은근히 생소하게 다가올 때가 많다. 기본동사니까 형태에 익숙해지도록 연습해보자! 특히 be동사와 have동사의 자주 쓰이는 시제들만 연습해보자.

시제	형태	예문	into Korean
현재	is, are	He is kind.	그는 친절하다
과거	was, were	He	
미래	will be	He	
현재완료	have been	He	
과거완료	had been	He	

시제	형태	예문	into Korean
현재	have, has	I have breakfast.	나는 늘 아침을 먹는다
과거	had	I	
미래	will have	I	
현재진행	am,is,are having	I	
과거진행	was, were having	I	
미래진행	will be having	I	
현재완료	have had	I	
과거완료	had had	I	

 **단순시제**

1) 현재시제

① "늘" : 반복, 일반적인 사실 (usually, every+시간)

> **What do you do?**   vs   **What are you doing?**
> 직업이 뭐니?   너 지금 뭐하니

○ 현재시제의 경우 "네가 늘 하는 일이 뭐니 ⇒ 직업이 뭐니?"의 의미

> **I usually have breakfast.**   나는 보통 아침식사를 한다
> **I go to church every Sunday.**   나는 일요일마다 교회에 간다

> **I take a shower at night.**   나는 늘 저녁에 샤워해
> **Water boils at 100℃.**   물은 늘 100도에서 끓어

② 시간조건 부사절 (미래대신 현재)

> **If it rains tomorrow, we will cancel the picnic.**
> 내일 비가오면 우리는 야유회를 취소할 거예요

○ 영어는 will(주어의 강한 의지를 표현하는 조동사)의 반복 사용을 좋아하지 않는다. 주절에 이미 사용된 경우 추가로 쓰인 절에서는 반복 사용하지 않는다.

> **After I finish, I'll call you.**   나 다 끝나고 나면 전화 할게
> **When the meeting is over, tell me.**   미팅 끝날 때 알려줘

○ 명령문은 미래시제로 간주

> 😊 시간부사절 접속사로 시작하는 부사절 ⇒ 시간부사절
>
> 시간부사절 접속사의 종류
>
> **when, after, before, while, as soon as, by the time, once**

2) 과거시제

: 현재를 기준으로 이전 (현재와 단절된 과거)

> **I lost my wallet yesterday.**   나는 어제 내 지갑을 잃어버렸다

◆ 현재완료와 과거의 차이를 인지하는 게 중요! 다음시간에 현재완료를 배우고 나서 다시 비교해본다.

> 과거시제의 단서가 되는 시간부사
> **last year, yesterday, five days ago**

3) 미래시제

: 현재를 기준으로 이후 (현재와 단절된 미래)

> **I will study this weekend.**   나 이번 주말에 공부할거야!
> **= I'll study this weekend.**

> 미래시제의 단서가 되는 시간부사
> **next year, tomorrow**

2. 진행시제

1) 현재진행시제

① 현재의 동작

: 현재 시점을 기준으로 한시적으로 진행중인 동작

> **I'm working now.**   vs.   **I work.**
> 나 지금 일하고 있어   나 실직자 아니야

② 미래대용 (예정된 일)

> **He is coming back this afternoon.**   그 친구 오늘 오후에 돌아올 거야

> **We are hosting** a special art contest this Saturday.
> 우리는 이번 토요일에 특별한 아트 콘테스트를 개최할 것입니다

2) 과거진행시제

: 과거 특정 시점을 기준으로 한시적으로 진행 중이었던 동작 (과거 특정시점과 함께 사용)

> **I was taking** a shower.
> (샤워 중이었어! – 왜 전화 안받았느냐는 남친의 채근에)

> **I was reading** a book when you called me.
> 네가 전화했을 때 책 읽고 있는 중이었어

3) 미래진행시제

: 예정된 일 (말하는 순간 결정된 일일 때는 단순 미래)

> **I will be studying** this weekend.   vs   **I will study** this weekend.
> 나 이번 주말에 공부하기로 했어!   음, 지금 결정했는데 나 기필코 공부할거야

> **Our guest will be talking** with us in a minute.
> 잠시 후에 우리 초대손님과 얘기 나누도록 하겠습니다

시제	Summary		
현재	1. "늘" – 반복, 일반사실	I usually have breakfast. Every Sunday I go to church.
	2. 종속절 – 미래대신	If it rains tomorrow, we'll cancel the picnic.
과거	현재와 단절된 과거	I lost my wallet yesterday / last week / a week ago.
미래	말하는 시점에서의 결정	I will study tomorrow / next week.
현재진행	1. 현재 동작	I'm working now. (vs. I work)
	2. 미래 대신	He is coming back this afternoon.
과거진행	과거 시점에서의 동작	I was taking a shower.
미래진행	예정된 일	I will be studying this weekend.

[확인학습]

1. Mrs. Pollac (plays / play) tennis every weekend.
2. At this rate, he will (usually / soon) complete his project.
3. Mr. Song (suffers / was suffering) from cold when he came back from the business trip.
4. Last Saturday, the bank (has approved / approved) the loan after a long procedure.
5. Mr. Chen (finished / finishes) reviewing the summary yesterday.
6. The board (convened / will convene) an executive session tomorrow.

[뼈대바르기 연습 Review]

시제에 유의해서 해석해보세요

1. New members will be joining our team.
   해석]

2. Mrs. Pollac plays tennis every weekend.
   해석]

3. The program will be starting 15 minutes later.
   해석]

4. I am traveling to Hong Kong this summer
   해석]

5. There will be 8 clients at the meeting
   해석]

6. It always rains in July. vs. Look! It's raining.
   해석]

7. As soon as you receive my e-mail, please let me know your decision.
   해석]

8. Once we receive your resume, you will be reviewed for the position.
   해석]

9. Mr. Chen finished reviewing the summary yesterday.

해석]

10. Chetford Castle stands on a hill outside the town. vs. The baby is standing on the table.

해석]

11. I go to the mountains about twice a year.

해석]

12. When you called me, I was watching TV.

해석]

13. Professor Baxter will be giving another lecture on Roman glass-making at the same time next week.

해석]

[기본 문장 영작연습]

1. 나는 보통 아침식사를 한다.

영작]

2. 나는 일요일에 교회에 간다.

영작]

3. 내일 비가 오면 우리는 야유회를 취소할 것이다.

영작]

4. 나는 어제 지갑을 잃어버렸다.

영작]

5. 나 이번 주말에 공부할거야. (현재결정) / 나 이번 주말에 공부할거야. (예정된 일)

영작]

6. 나 일하고 있어.

영작]

7. 그가 오늘 오후에 돌아올 거야.

영작]

8. 나 샤워 중이었어. (네가 전화했을 때)

영작]

9. 이번 주말에 공부할 예정이야.

영작]

[뼈대바르기 연습 Preview]

1. I have lived here since 2010.

해석]

2. I have just finished.

해석]

3. When I was in high school, I had played Tennis for two years.

해석]

4. When I got there, he had already left.

해석]

5. By next year, he will have worked for ten years for the company.

해석]

6. By the time I arrive, he will have already left.

해석]

7. I have been thinking of you.

해석]

완료시제 - A. Duration / B. 교차성

A. Duration (기간)

: 하나의 점이 아닌 구간에 걸쳐져 있는 시제. duration이 과거에 끝나면 **과거완료**, 현재에 끝나면 **현재완료**, 과거에 시작해서 현재를 지나 미래에 끝나면 **미래완료**

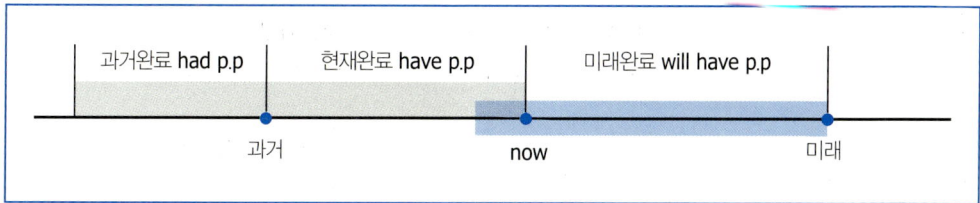

B. 교차성 (시점 - 이전 동작으로 인한 그 다음 시점의 상태)

: 두 시제에 다리를 걸치고 있어서 일명 양다리 시제. 과거에 동작으로 인한 현재의 상태는 **현재완료**, 과거 이전에 발생한 동작으로 인한 과거 기준시점의 상태는 **과거완료**(=대과거), 미래이전에 발생한 동작으로 인한 미래 기준시점의 상태는 **미래완료**

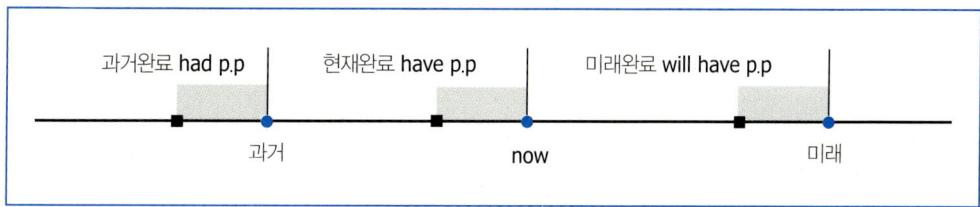

1) 현재완료시제

: '과거~현재'까지 걸쳐져 있는 시제. 동작이 지속되는 건 duration개념(A), 과거에 발생한 동작으로 인한 현재의 상태는 교차성 개념(B).

A. Duration : 현재완료의 빈출 단서는 since. 토익 단골문제

I **have lived** here <u>since</u> 2010.	나 2010년 이래로 여기 살고 있어
I **have lived** here <u>since</u> I was a child.	나 어렸을 때부터 여기 살고 있어
I **have lived** here <u>for</u> three years.	나 3년 동안 여기 살고 있어

🔾 시간 전치사 문제 중에 for/since를 구분하는 문제가 나온다면 뒤에 나오는 명사를 확인! 2010(시점)이 나오면 시점전치사인 since가 정답! three years(기간)가 나온다면 기간 전치사인 for가 정답!

B. 교차성

: 과거에 발생했으나 현재에 여전히 영향을 미치고 있을 때 사용하며, 이때 focus는 과거에 발생한 동작이 아니라 현재의 상태가 된다. 과거 시제는 과거에 사건의 발생 자체에 focus를 두지만 현재완료는 과거에 발생한 일로 인한 현재의 상태가 중요.

I **have** just **finished**. = I**'ve** just **finished**.	나 지금 막 끝냈어 (지금 다 끝난 상태야)

I **have broken** my leg.	나 다리 부러졌어 ⇒ 그래서 지금 아파
We**'ve met** before.	우리 이전에 만난 적 있어 ⇒ 우리 지금 안면이 있는 상태야
I **have been** to New York.	나 뉴욕에 가봤어 ⇒ 뉴욕에 대해 지금 알고 있어

😊 과거시제 vs 현재완료시제

I **lost** my wallet yesterday.	나 어제 지갑 잃어버렸었어

🔾 그 이후 찾았는지 못 찾았는지 현재 어떤 상태인지는 알 수 없음 (과거시제는 현재에 영향을 미치지 않는 현재와 동떨어진 시제)

I**'ve lost** my wallet.	나 지갑 잃어버렸어

🔾 그래서 현재 지갑이 없는 상태야 (현재완료는 현재의 상태를 묘사)

2) 과거완료시제

A. Duration

> **When I was in high school, I had played Tennis for two years.**
> 내가 고등학교 때 2년동안 테니스를 쳤었어

◉ '2년'의 기간이 과거에 시작해서 과거에 끝났으므로 과거완료.

B. 교차성 = 대과거 (과거보다 이전과거)

> **When I got there, he had already left.**
> 내가 거기 도착했을 때 그는 이미 떠나고 없었다

◉ 도착한 것 '과거'. 떠난 건 더 '이전 과거'. 내가 도착한 과거시점에 그는 이미 떠나고 없는 상태였다는 의미.

3) 미래완료시제

A. Duration (과거에 시작해서 현재를 지나 미래에 끝나는 기간)

> **By next year, he will have worked for ten years.**
> 내년이면 그는 10년 동안 일한 게 될 것이다

◉ 10년의 기간은 9년 전인 과거에 시작해서 현재도 계속되고 있으며 내년이라는 미래시점에 끝날 예정. '과거'에서 '현재'를 지나 '미래'까지 이므로 미래완료.

B. 교차성

> **By the time I arrive, he will have already left.**
> 내가 도착할 때 쯤이면, 그는 이미 떠나고 없는 상태일거야

◉ 미래완료 교차성에서는 항상 접속사 **by the time**이 등장한다. **by the time**이 이끄는 절은 시간부사절이므로 내가 도착하는 것은 미래지만 미래 대신 현재(arrive)를 쓴다.

> **By the time I arrived, he had already left.**

◉ By the time은 "~할 때 쯤이면"이라고 해석되고, 주절에서는 항상 그 이전 상황을 묘사한다. 기준 시점보다 이전 상황을 항상 묘사하므로, 주절에서는 완료시제가 쓰인다. By the time뒤에 현재가 나오면 주절은 미래완료 / 과거가 나오면 주절은 과거완료시제!

완료진행시제

과거완료진행, 미래완료진행은 거의 쓰이지 않는 시제이므로 현재완료진행시제만 살펴보자.

현재완료진행시제 ⇒ '현재완료 + 현재진행'을 합쳐놓은 시제

I have been thinking of you.
나는 계속 네 생각 하고 있는 중이야

I have been thinking of you / I have been thinking of you.
have p.p (현재완료)   be ing (진행시제)   ⇒   현재완료진행

😊 현재완료 vs 현재완료진행

I have studied Toeic.   지금도 하고 있는지가 불분명

I've been studying Toeic.   지금도 공부하고 있음을 강조한 시제

수동태+시제

수동태와 시제가 결합되면 형태가 더 복잡해진다. 다 배우고 나서 아래 표로 연습해보자!

시제	형태	예문	into Korean
현재	is, are p.p	Cakes are made.	케이크가 만들어진다
과거	was, were p.p	Cakes	
미래	will be p.p	Cakes	
현재진행	are(is) being p.p	Cakes	
현재완료	have(has) been p.p	Cakes	

1) 수동태 현재시제

> **Our house is painted every year.**
> 우리 집은 매년 새 칠을 해

○ 수동태가 현재시제로 쓰이면 현재시제임을 간과하는 경우가 많다. 현재시제이므로 역시 반복적인 행동을 묘사. '늘 페인트 칠이 된다'는 의미.

2) 수동태 현재진행시제

> **Our house is being painted.**
> 우리 집은 페인트칠 하고 있는 중이야 – 현재동작

○ [be ___ p.p] 사이에 'being'이 나오면 진행 수동! 진행시제이므로 현재 동작을 묘사.

3) 수동태 현재완료시제

> **Our house has been painted.**
> 우리 집은 페인트 칠 했어 ⇒ 지금 새 집 같아

○ 수동태의 완료시제는 항상 '교차성'의 의미! 과거에 페인트 칠을 해서 지금은 페인트칠이 되어 있는 상태라는 의미.

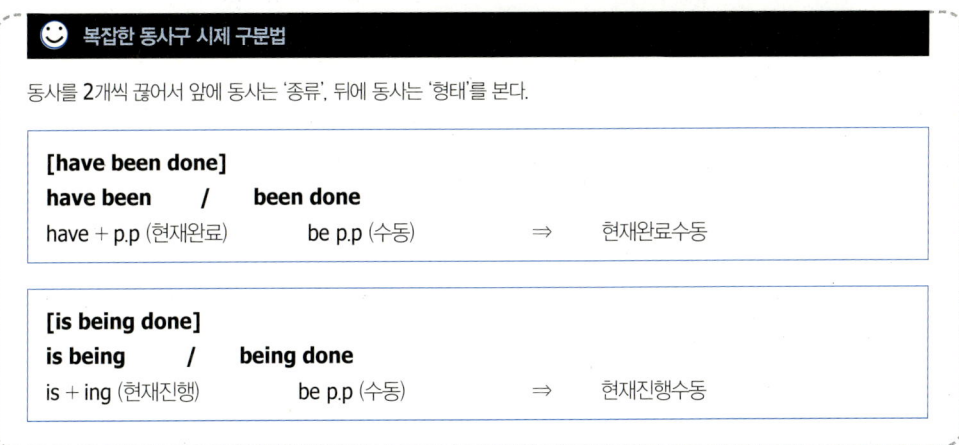

😊 복잡한 동사구 시제 구분법

동사를 2개씩 끊어서 앞에 동사는 '종류', 뒤에 동사는 '형태'를 본다.

[have been done]
have been / been done
have + p.p (현재완료)   be p.p (수동)   ⇒   현재완료수동

[is being done]
is being / being done
is + ing (현재진행)   be p.p (수동)   ⇒   현재진행수동

😊 시간부사절의 시제일치

시간부사절은 주절의 동작이 발생한 시기를 알려주는 역할이기 때문에 시간부사절과 주절의 시제는 항상 일치하다.

When S + 과거류	, S + 과거류
When S + 현재류	, S + 미래
예외) Since S + 과거	, S + 현재완료

다만 시간부사절에서는 미래시제를 못쓰기 때문에 주절에 '미래'시제가 쓰인 경우, 시간부사절에서는 '현재, 현재완료'를 쓴다. 시제 일치만 맞춰서 골라오자!

After I have finished, I will call you. 나 다 끝나면 너한테 전화할게
After I had finished, I called him. 나 다 끝내고 나서 그에게 전화했어

Since I was young, I have lived here. 어릴 때 이후로 여기 살아오고 있어

since만 유일하게 뒤에 과거시제가 나오지만 주절에는 과거류가 아닌 현재완료가 나온다. 그래서 자주 출제된다. 빈출문제유형!

※시간부사절 : 시간 부사절 접속사로 시작하는 부사절

when, after, before, while, until, as soon as, by the time, once

시제 II Summary

현재완료	Duration	I **have lived** here since 2010.
	교차성	I've just **finished**.
과거완료	Duration	When I was in high school, I **had played** tennis for two years.
	교차성	When I got there, he **had** already **left**.
미래완료	Duration	By next year, he **will have worked** for ten years.
	교차성	By the time I arrive, he **will have** already **left**.
현재완료진행	현재완료+현재진행	I **have been thinking** of you.

수동태 시제	현재 수동	Our house **is painted** every year.
	현재 진행 수동	Our house **is being painted**.
	현재 완료 수동	Our house **has been painted**.
시간부사절	현재류 / 미래	When I **have finished**, I **will call** me.
	과거류 / 과거류	When I **had finished**, I **called** him.

[확인학습]

1. She (studies / studied / has studied) chemistry when she was at college.
2. I (know / have known) Sam for ten years.
3. Since last summer, he (writes / has written / wrote) three books.
4. As soon as you (will receive / receive) my e-mail, please let me know your decision.
5. MOV Graphic (has increased / had increased) its workforce by 20 percent over the last two years.
6. By next August, Mr. Kang (have worked / will have worked) at the Heavens Co. for 8 years.
7. He (finds / found) out that his boss had been fired.
8. Since last June, the company (experienced / has experienced) a difficult time.

[뼈대바르기 연습 Review]

무슨 시제인지 명시하고, 시제에 맞게 해석해보세요

1. I haven't heard from her for a long time. [   ]
해석]

2. I've already registered for the conference. [   ]
해석]

3. Your meal has been paid for. [   ]
해석]

4. They don't work hard but they are being paid a lot of money. [   ]
해석]

5. I realized that we had met before. [   ]
해석]

6. There has been a significant increase in the number of tourists to Seoul this year.
[   ]
해석]

7. They have already booked a flight to Beijing. [   ]
해석]

8. When I arrived at the party, Lucy had already gone home. [   ]
해석]

9. When they got married, they had known each other for 15 years. [   ]
해석]

10. As soon as he had finished his exams, he went to Paris. [   ]
해석]

11. We will never be told the real truth. [   ]
해석]

12. The house has been made beautiful. [   ]
해석]

13. When I went back to the village, the house had been pulled down. [   ]
해석]

14. Some leaves have been gathered into a pile. [   ]
해석]

15. I told her that I had finished. [   ]
해석]

16. The schedule for the monthly meeting has been updated. [   ]
해석]

17. By the time the magazine is published, the decision on maintenance contract will have been made. [   ]
해석]

18. Lisa Catering has been providing outstanding catering services for over 10 years.
[   ]

해석]

19. A special exhibition from Egypt is being held in Goya Gallery in New York.
[   ]

해석]

20. The team has been working hard to make next month's product launch go smoothly.
[   ]

해석]

21. Before it was named one of the best small businesses in the region, the company had not considered expanding its operations nationwide. [   ]

해석]

22. Did you see the movie last night? / Have you seen the movie?

해석]

23. I haven't seen him this week. vs. I saw him this week and he said he was busy.

해석]

24. The security code will be given to authorized persons after they have been trained in all related procedures.

해석]

[기본 문장 영작연습]

1. 나 2010년 이래로 여기 살고 있어. / 나 어렸을 때부터 여기 살고 있어. / 나 3년 동안 여기 살고 있어.

영작]

2. 나 지금 막 끝냈어.

영작]

3. 내가 고등학교 때 2년동안 테니스를 쳤었어.

영작]

4. 내가 거기 도착했을 때 그는 이미 떠나고 없었다.

영작]
_____

5. 내년이면 그는 이 회사에서 10년 동안 일한 게 될 것이다.

영작]
_____

6. 내가 도착할 때 즈음이면, 그는 이미 떠나고 없는 상태일거야.

영작]
_____

7. 나는 계속 네 생각 하고 있는 중이야.

영작]
_____

8. 우리 집은 매년 새칠을 해. / 우리 집은 페인트칠 하고 있는 중이야. / 우리 집 페인트 칠 했어.

영작]
_____

[뼈대바르기 연습 Preview]

1. I will do it.

해석]
_____

2. You may go.

해석]
_____

3. You must go.

해석]
_____

4. You can do it.

해석]
_____

5. It may be true vs. It must be true.

해석]
_____

Unit 3-3 조동사

영어의 동사변화는 한국말의 동사어미변화처럼 다채롭지가 않다. 기껏해야 시제, 태 정도를 표현해줄 뿐이다. 그래서 추가적인 뉘앙스를 표현하기 위해서 조동사(도와주는 동사)를 쓴다.

1. 조동사의 의미

will	—	would ('d)	+	동사원형
shall	—	should	+	동사원형
may	—	might	+	동사원형
can	—	could	+	동사원형
must	—	had to	+	동사원형

◐ must의 과거형은 없으므로 have to의 과거인 had to를 쓴다.

1) 의지 (will, would)

I will do it. 그거 제가 할게요
= I'll do it.

2) 허가 (can, may, might)

You may go. 너는 가도 돼

You can go. 너는 가도 돼
You might go. 너는 가도 돼

3) 의무 (must, have to, had better, should, ought to)

You must go. 너는 꼭 가야 해
You have to go. 너는 가야 해
You should go. 너는 가야할거야

[Unit 3] 동사의 형태변화

😊 must not vs don't have to

You must not go.   너 가면 안돼

◯ not은 go라는 동사 앞에 있으므로 go를 부정으로 해석.
"안 가다 → 너는 가지 말아야 한다 → 너 가면 안돼, 가면 혼나"

You don't have to go.   너 갈 필요 없어

◯ 여기서 not은 have to 앞에 있으므로 have to를 부정.
"해야만 하지 않다 → 너는 가야만 하는 것이 아니다 → 너는 갈 필요 없어"
※ don't have to는 "~할 필요 없다"로 해석.

4) 가능 (can, could)

You can do it.   너는 그거 할 수 있어

You could do it.   너는 그거 할 수 있을텐데

5) 추측 (must, can, may, could, might)

It may be true.   그것은 사실일지도 모른다

It must be true.   그것은 사실임에 틀림없다 (강한 추측)

◯ "그것은 사실이어야만 한다 ⇒ 사실임에 틀림없다" 확신에 찬 강한 추측을 묘사.

😊 조동사는 한 개만 사용!

조동사는 2개를 한꺼번에 쓸 수 없다.

I will can go (X)	→	**I will be able to go (O)**
		나는 갈 수 있을 것이다

I will must go (X)	→	**I will have to go (O)**
		나는 가야만 할꺼야

He may can go (X)	→	**He may be able to go (O)**
		그는 갈 수 있을지도 몰라

😊 조동사의 과거형

① 과거 시제의 의미

She said "I will go". → **She said that she would go.**

직접인용을 하는 경우는 따옴표를 사용 ⇒ "나 갈거야"라고 그녀가 말했다.
간접인용을 하는 경우 따옴표 없이 쓰며 시제가 바뀐다. 그녀는 "나 갈거야"라고 말했지만, 말한 시점이 과거이므로 will도 역시 과거시제 would로 바뀐다. 그리고 주어도 '나'가 아닌 '그녀'로 변경된다. 이때 would는 will의 과거시제를 의미한다.

② 조동사의 과거시제는 공손하고 부드러운 표현 (과거시점과 전혀 무관)

I would be happy to serve you = I'd be happy to serve you.
나는 당신을 모시게 되면 매우 기쁠 것이다 ⇒ 여전히 미래의미
I would like you to join us for lunch.
나는 네가 우리와 함께 점심을 먹었으면 좋겠어 ⇒ would like은 want와 똑같은 의미로 공손한 표현

◉ 조동사의 과거시제는 ②번의 공손한 표현으로 쓰이는 경우가 훨씬 많다! 그러므로 과거시제로 해석하지 않도록 주의!

2. 조동사 대우

be동사와 '완료시제'를 만들 때 쓰는 have동사와 do동사는 조동사로 대우해준다.

```
be    +    ing / p.p
have  +    p.p
do    +    동사원형
```

○ 조동사 뒤에는 동사원형이 오지만, be/have 뒤에는 동사원형이 올 수 없다.

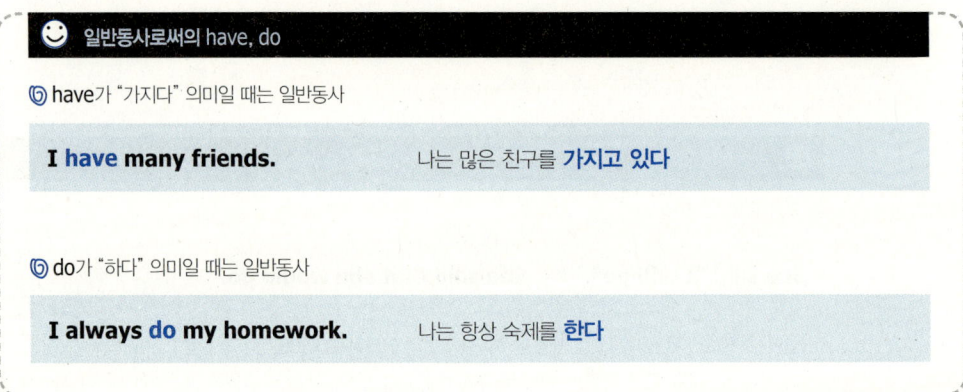

☺ 일반동사로써의 have, do

ⓐ have가 "가지다" 의미일 때는 일반동사

I have many friends.　　　나는 많은 친구를 **가지고 있다**

ⓑ do가 "하다" 의미일 때는 일반동사

I always do my homework.　　　나는 항상 숙제를 **한다**

1) 일반 조동사와 달리 3인칭 단수명사가 주어자리에 나오면 형태가 변한다.

I must go. / He must go.	vs	I am going. / He is going.
		I have gone. / He has gone.
		I do not go. / He does not go.

2) 조동사 급의 대우를 받기 때문에 의문문, 부정문 등을 만들 때 조동사와 동등한 자격을 가진다 (뒤에서 참조)

ⓑ be, have, do 동사의 형태변화

		I	You	He, She	They
be ing [진행시제] be p.p [수동태]	현재	am going	are going	is going	are going
	과거	was going	were going	was going	were going
have p.p [완료시제]	현재	have gone	have gone	has gone	have gone
	과거	had gone	had gone	had gone	had gone
do+동사원형	현재	do not go	do not go	does not go	do not go
	과거	did not go	did not go	did not go	did not go

3. 조동사의 용법

1) 부정문 : 첫 번째 조동사 뒤에 not을 삽입

She is happy.
→ She **is not** happy. = She **isn't** happy.

그녀는 행복하다
그녀는 행복하지 않다

I will be studying.
→ I **will not** be studying. = I **won't** be studying.

나는 공부할 거야
나는 공부하지 않을 거야

 조동사가 2개인 경우 첫 번째 조동사 뒤에 'not'을 붙인다.

I like you.
→ I **do not** like you. = I **don't** like you.

나는 너를 좋아해
나는 너를 좋아하지 않아

 조동사가 없는 경우 do동사가 사용된다.

2) 의문문

평서문은 주어로 시작하지만 의문문은 평서문과 차별화하기 위해 주어가 아닌 동사로 시작한다. 그런데 일반동사는 반드시 주어 뒤에 나와야 하며 이 어순은 바뀔 수 없다. 그러므로 일반동사는 주어 뒤에 그대로 남고 조동사만 주어 앞으로 이동한다. 만약 평서문일 때 조동사가 존재하지 않았다면 do동사를 써서 주어 앞에 넣어준다.

① 의문사가 없는 의문문 [조동사 + S + V ?]

You met him.
→ **Did** you **meet** him?   그 사람을 만났습니까?
(조동사가 없으므로 Do동사 사용. 이때 Do동사에 시제가 반영(Did)되며, do동사 뒤에는 동사원형(meet)이 쓰인다.)

You have met him.
→ **Have** you **met** him?   그 사람을 만난 적이 있습니까?
(have동사는 조동사 급의 대우를 받으므로 have동사만 주어 앞으로 이동)

You will meet him
→ **Will** you **meet** him?   그 사람을 만날 건가요?

You would like me to do it
→ **Would** you **like** me to do it?   제가 이거 할까요?
(내가 이것을 하는 것을 당신은 원하시나요?)

② 의문사가 있는 의문문 [의문사 + 조동사 + S + V ?]

• when, where, why, how

의문사(what, who, when, where, why, how) 중에 when, where, why, how는 의문사를 제일 앞에 붙여주기만 하면 된다.

Did you meet him?   그 사람을 만났습니까?
→ **When** did you meet him?   그 사람을 언제 만났습니까?
→ **Why** did you meet him?   그 사람을 왜 만났습니까?

Will you meet him?   그 사람을 만날 건가요?
→ **Where** will you meet him?   그 사람을 어디에서 만날 건가요?
→ **How** will you meet him?   그 사람을 언제 만날 건가요?

• what, who

what, who로 시작하는 의문문이 제일 까다롭다. what은 '무엇=something'이라는 명사를 대신하는 의문사다. who는 '누구=someone'라는 명사를 대신한다. 그러므로 what, who가 의문문을 이끌 경우, what, who가 뒤에 나올 명사를 대신하기 때문에 뒤에는 명사가 하나 빠진 절이 나온다. 해석할 때 키 포인트는 뒤에 명사가 빠진 자리를 먼저 찾고, 그 자리에 what이나 who를 넣어서 해석한다.

What do you need for a trip?   당신은 여행을 위해 **무엇을** 필요로 합니까?

목적어가 빠진 불완전한 절. what은 '**무엇을**'로 해석

What do you need money for?   당신은 **무엇을 위해** 돈을 필요로 합니까?

for 뒤에 명사가 빠진 불완전한 절. what은 for와 연결하여 '**무엇을 위해**'로 해석

Who did you meet?   당신은 **누구를** 만났습니까?

목적어가 빠진 불완전한 절. who는 '**누구를**'로 해석

Who wrote it?   **누가** 그것을 썼습니까?

주어가 빠진 불완전한 절. who는 '**누가**'로 해석

◐ what, who가 주어 역할을 하는 경우 조동사가 필요하지 않다. 왜냐하면 의문문을 만들 때 조동사는 주어 앞에 위치한다. 그런데 이런 문장에서는 의문사가 주어역할을 하고 있다. 그렇다고 의문사 앞에 조동사가 나올 수는 없기 때문이다. 그러므로 what, who가 주어역할을 하는 경우에는 조동사가 쓰이지 않는다.

이제 배운 내용들을 가지고 실제 의문문들을 해석해보자. 특히 what, who로 시작하는 의문문을 집중적으로 해석해본다.

[확인학습]

시제의 의미를 살려서 해석해보고 해석이 부자연스러울 때는 평서문으로 먼저 전환해 본다.

1. What's the fastest way to the concert hall?

2. What are the speakers mainly discussing?

3. What does the woman request?

4. What does the man want to do?

5. What does the woman remind the man to do?

6. Who ordered the new office furniture?

7. Who is the Bridgeport contest intended for?

8. What does the man say he will do?

9. What were your main duties as supervisor?

10. What are listeners asked to do?

11. What do listeners need to do after the meeting?

12. What is being advertised?

13. What will the listeners most likely do next?

14. What has been postponed?

15. What does the speaker remind the listeners about?

16. Who wrote this report?

17. Why has the project been delayed?

18. Will you be attending the meeting?

19. Why was a change made?

20. Where is the announcement being made?

21. Do you have time to interview the applicants?

22. Have you completed the assignment?

23. Would you like me to send you the file?

24. When are we going to circus?

25. What is the woman asked to confirm?

26. When can we expect to receive the package?

27. Who coordinated the fund raiser last year?

28. Is the laboratory open 24 hours a day?

29. Have you finished the slides for your presentation?

30. Would you like me to call a taxi for you?

31. Weren't you able to sleep on the plane?

조동사 Summary		
의지	I **will** do it. 제가 할게요	
의무	You **must** go. 너는 가야해	
가능	You **can** do it. 너는 그거 할 수 있어	
허가	You **may** go. 너는 가도 된다	
추측	It **may** be true. / It **must** be true. 그것은 사실일지도 몰라 / 그것은 사실임에 틀림없어	
부정문	not – 첫 번째 조동사 뒤	I will not be studying.
의문문	조동사 + S + V	Did you meet him?
	의문사 + 조동사 + S + V	What do you need for your trip?

[뼈대바르기 연습 Review]

1. Can I use your phone?

해석]

2. It may rain this evening.

해석]

3. She must be at home by now.

해석]

4. There will be a reception in the Wooley Building to welcome all interns.

해석]

5. If you arrive early, you don't have to wait long in line to enter the museum.

해석]

6. Tatiyani can help you set up your computer.

해석]

7. Customers may choose either standard shipping or express shipping.

해석]

8. I had to leave the meeting early yesterday.

해석]

9. He may not be able to attend a meeting.

해석]

10. We will have to add the new clients to the list.

해석]

11. Customers will be able to get coupons electronically by email.

해석]

12. All employees should bring their old badges to the security office immediately.

해석]

13. She may be able to help us next week.

해석]

14. Workshop participants may choose any seat in the auditorium.

해석]

[기본 문장 영작연습]

1. 제가 할게요.

영작]

2. 너는 가야 해.

영작]

3. 너는 그거 할 수 있어.

영작]

4. 너는 가도 된다.

영작]

5. 그것은 사실일지도 모른다. / 그것은 사실임에 틀림없다.

영작]

[동사 총정리 실전 문제]

1. 어형문제 (① 본동사 vs. 준동사 ② 태 ③ 수일치 ④ 시제)
2. 어휘문제 (① 보기에 동사—동사의 종류에서 배운 동사인 경우 의미가 아닌 구조로 파악
② 수동태 문장 → 능동으로 전환해서 풀기)

---

1. Well-known environmentalist, Ms. Williams is _____ to arrive at 2 p.m. this Friday.
(A) continued   (B) expected
(C) presented   (D) involved

2. Ms. Kroll, an outside consultant, has _____ us about how to make our website more interactive with customers.
(A) designed   (B) advised
(C) suggested   (D) proposed

3. The Geoff & Shandler Company has _____ Mr. Michael Pietsch an administrative position in Singapore.
(A) hired   (B) offered
(C) relocated   (D) asked

4. Charming International Hotel _____ in the heart of Naples, within a five-minute drive of the train station.
(A) situating   (B) situates
(C) is situated   (D) has situated

5. The dam under construction will provide electric power _____ urban and rural areas.
(A) up   (B) to   (C) of   (D) out

6. Aronson Energy announced to _____ that its profits started to rise in the first quarter.
(A) invest   (B) investments
(C) investors   (D) investing

7. Ms. Ripers and her coworkers worked collaboratively to ensure that the job fair was well _____.
(A) publicity   (B) publicized
(C) publicizing   (D) publicize

8. Everyone entering the laboratory is _____ to wear protective gear at all times.
(A) prompted   (B) required
(C) appealed   (D) insisted

9. According to a recent survey, Cheju Island _____ the top vacation destination among Koreans for the third consecutive year.
(A) remains   (B) receives
(C) appears   (D) elects

10. Mr. Shinker is _____ for purchasing office supplies.
(A) responsibilities (B) responsibility
(C) responsible   (D) responsibly

11. Recently hired employees in the Payroll Department will be _____ in the use of the new payroll software program.
(A) trained   (B) understood
(C) revealed   (D) taken

12. Required documents, along with the contact information, _____ on our Web site.
(A) is locating   (B) located
(C) locate   (D) are located

13. This will be your last chance to _____ for the July's Technical Training Seminar.
(A) approve (B) record
(C) register (D) express

14. Mr. Tanaka has been strongly _____ for the web designer position by one of our managers.
(A) recommendation (B) recommended
(C) recommend (D) recommending

15. The request form for a paid vacation must be _____ by the supervisor.
(A) signed (B) journeyed
(C) entitled (D) treated

16. A limited number of hotel rooms have been _____ at a special rate for this occasion.
(A) reserved (B) placed
(C) remained (D) collected

17. We want to _____ you that this type of error is very rare and you should not be experiencing any similar difficulties in the future.
(A) check (B) proof
(C) ensure (D) assure

18. The Professional Development Workshop for recent graduates will be _____ on March 25 in the Community Center building.
(A) hold (B) holds (C) holding (D) held

19. City officials will visit the construction site to ensure _____ with government standards.
(A) rise (B) compliance
(C) accumulation (D) probability

20. Last week's conference _____ opportunities for employees to learn ideas and meet new people.
(A) creating (B) creates
(C) created (D) will create

21. The hotel's recreational facilities _____ a swimming pool and tennis courts.
(A) include (B) includes
(C) inclusion (D) to include

22. Several computer manufacturers _____ their new lines in the next several months.
(A) introduce (B) will introduce
(C) introduction (D) be introduced

23. Anyone wishing to _____ in next week's training should obtain approval from their supervisors.
(A) complete (B) attend
(C) participate (D) release

24. The cost of living in the country _____ by 17 percent for the last 15 years.
(A) will rise (B) has risen
(C) rising (D) rise

25. In the past two decades _____ has been tremendous growth in the professional service sector.
(A) he (B) it
(C) they (D) there

26. To avoid leaving anyone behind, the tour guide _____ all the visitors to come back to the hotel by 11 A.M.
(A) recalled (B) memorized
(C) reminded (D) identified

27. Mr. Jantick _____ in the military for six months by the end of the month.
(A) been served
(B) has served
(C) will serve
(D) will have served

28. The memo informed us that the company _____ the renovation of the office next month.
(A) is started
(B) has been starting
(C) will be starting
(D) is being started

29. The main entrance to the warehouse _____ on the west side of the building.
(A) is located
(B) locates
(C) locating
(D) was locating

30. The manufacturer _____ changes to its billing procedures now.
(A) implements
(B) implemented
(C) implementing
(D) is implementing

31. Since Ms. Knoll _____ Mashall Inc., she has been able to achieve great success.
(A) has joined
(B) joined
(C) was joined
(D) joining

32. Due to a slow local economy, Van Sant Media Company _____ to the East Coast next spring.
(A) was relocated
(B) to relocate
(C) will relocate
(D) relocated

33. Ms. Akelis _____ employed by Thompson Advertising for the past 28 years.
(A) is
(B) has
(C) has been
(D) could be

34. As usual, the honor _____ to the top sales representative here at Brandon Automobiles.
(A) gives
(B) is given
(C) had been giving
(D) will give

35. By the time Mr. Madai was appointed vice president, he _____ in the advertising field for over 20 years already.
(A) has worked
(B) works
(C) will work
(D) had worked

36. In order to cut down on unnecessary costs, Mr. Martin _____ to reduce the travel budgets first.
(A) like
(B) was liking
(C) would like
(D) is liking

37. Please note that applications for the position _____ not available at our web site.
(A) are
(B) will be
(C) being
(D) is

38. The Nalston County Airport director considers it _____ to suspend all flights until the inspection is completed.
(A) necessity
(B) necessary
(C) necessitate
(D) necessarily

39. _____ she joined our company five years ago, Ms. Tanaka has successfully managed her technical team.
(A) When
(B) Before
(C) Whereas
(D) Since

40. Mr. Norman Maier _____ planning to build the new warehouse even before he received approval from the board of director.

(A) will begin (B) is beginning
(C) had begun (D) has begun

41. After all the resumes have been received, Human Resources managers _____ five candidates to be interviewed.

(A) will choose (B) was choosing
(C) choose (D) has chosen

42. The special sale on grocery at Green Foods _____ this coming Saturday.

(A) will begin (B) begin
(C) has begun (D) began

43. The merger between T-Mobile and Yolanda _____ Britain's biggest mobile phone provider if everything goes according to plan.

(A) will create (B) was created
(C) having created (D) had been created

44. A spokesperson for Velinda Corporation said today that its annual production rate at Ulsan plant _____ steady.

(A) are remaining (B) has remained
(C) to remain (D) was remained

BBBCB / CBBAC / ADCBA / ADDBC / ABCBD / CDCAD / BCCBD / CABDC / AAAB

[뼈대바르기 연습 Review]

1. Well-known environmentalist, Ms. Williams is expected to arrive at 2 p.m. this Friday.
해석]

2. Ms. Kroll, an outside consultant, has advised us about how to make our website more interactive with customers.
해석]

3. The Geoff & Shandler Company has offered Mr. Michael Pietsch an administrative position in Singapore.
해석]

4. Charming International Hotel is situated in the heart of Naples, within a five-minute drive of the train station.
해석]

5. The dam under construction will provide electric power to urban and rural areas.
해석]

6. Aronson Energy announced to investors that its profits started to rise in the first quarter.
해석]

7. Ms. Ripers and her coworkers worked collaboratively to ensure that the job fair was well publicized.
해석]

8. Everyone entering the laboratory is required to wear protective gear at all times.
해석]

9. According to a recent survey, Cheju Island remains the top vacation destination among Koreans for the third consecutive year.
해석]

10. Mr. Shinker is responsible for purchasing office supplies.
해석]

11. Recently hired employees in the Payroll Department will be trained in the use of the new payroll software program.

해석]

12. Required documents, along with the contact information, are located on our Web site.

해석]

13. This will be your last chance to register for the July's Technical Training Seminar.

해석]

14. Mr. Tanaka has been strongly recommended for the web designer position by one of our managers.

해석]

15. The request form for a paid vacation must be signed by the supervisor.

해석]

16. A limited number of hotel rooms have been reserved at a special rate for this occasion.

해석]

17. We want to assure you that this type of error is very rare and you should not be experiencing any similar difficulties in the future.

해석]

18. The Professional Development Workshop for recent graduates will be held on March 25 in the Community Center building.

해석]

19. City officials will visit the construction site to ensure compliance with government standards.

해석]

20. Last week's conference created opportunities for employees to learn ideas and meet new people.

해석]

21. The hotel's recreational facilities include a swimming pool and tennis courts.
해석]

22. Several computer manufacturers will introduce their new lines in the next several months.
해석]

23. Anyone wishing to participate in next week's training should obtain approval from their supervisors.
해석]

24. The cost of living in the country has risen by 17 percent for the last 15 years.
해석]

25. In the past two decades there has been tremendous growth in the professional service sector.
해석]

26. To avoid leaving anyone behind, the tour guide reminded all the visitors to come back to the hotel by 11 A.M.
해석]

27. Mr. Jantick will have served in the military for six months by the end of the month.
해석]

28. The memo informed us that the company will be starting the renovation of the office next month.
해석]

29. The main entrance to the warehouse is located on the west side of the building.
해석]

30. The manufacturer is implementing changes to its billing procedures now.
해석]

31. Since Ms. Knoll joined Mashall Inc., she has been able to achieve great success.
해석]

32. Due to a slow local economy, Van Sant Media Company will relocate to the East Coast next spring.

해석]

33. Ms. Akelis has been employed by Thompson Advertising for the past 28 years.

해석]

34. As usual, the honor is given to the top sales representative here at Brandon Automobiles.

해석]

35. By the time Mr. Madai was appointed vice president, he had worked in the advertising field for over 20 years already.

해석]

36. In order to cut down on unnecessary costs, Mr. Martin would like to reduce the travel budgets first.

해석]

37. Please note that applications for the position are not available at our web site.

해석]

38. The Nalston County Airport director considers it necessary to suspend all flights until the inspection is completed.

해석]

39. Since she joined our company five years ago, Ms. Tanaka has successfully managed her technical team.

해석]

40. Mr. Norman Maier had begun planning to build the new warehouse even before he received approval from the board of director.

해석]

41. After all the resumes have been received, Human Resources managers will choose five candidates to be interviewed.

해석]

42. The special sale on grocery at Green Foods will begin this coming Saturday.

해석]

43. The merger between T-Mobile and Yolanda will create Britain's biggest mobile phone provider if everything goes according to plan.

해석]

44. A spokesperson for Velinda Corporation said today that its annual production rate at Ulsan plant has remained steady.

해석]

[뼈대바르기 연습 Preview]

1. To study Toeic is fun.

해석]

2. I need to study Tocic.

해석]

3. My goal is to study Toeic.

해석]

4. I have a plan to study Toeic.

해석]

5. I got up early to study Toeic.

해석]

6. It is important for me to study Toeic.

해석]

7. This book makes it easy for me to study Toeic.

해석]

준동사

영어의 구 개념이 한 눈에 들어오기 시작할 때 영어 문장이 한 눈에 들어온다. 영어에서 구를 만드는 방법은 딱 두 가지뿐인데, 하나는 전치사가 명사와 만난 전명구이고, 또 하나가 지금부터 공부할 준동사구다.

1 문장의 구성

S + V + O [전치사 + n.]	전명구
S + V + O [ing / p.p / to do + 목적어 + 전명구]	준동사구
S + V + O [접속사 + S + V + O]	절

2 준동사의 형태

to do / ing / p.p

3 준동사의 동사적 성질

to부정사와 ing, p.p 이렇게 세가지 뿐이다. ing/p.p 는 사촌지간으로 같은 기능을 하는데 능동일때는 ing, 수동일때 p.p 를 쓴다. 준동사는 절의 중심인 동사의 역할은 할 수 없지만, 동사에서 출발했기 때문에 동사의 성질은 동일하게 가진다.

1) to부정사에 쓰인 동사가 타동사라면 반드시 뒤에는 목적어가 나와야 한다.
[ex. to do (X) / to do it (O)]

2) 동사의 본래 성격대로 목적어자리에 to부정사나 ing가 올 수도 있고, 짝꿍이 되는 전명구도 함께 오며, 5형식 동사라면 뒤에 목적어 + 목적보어를 모두 수반한다.

1형식	to comply with the rule	complying with the rule
2형식	to be successful	being successful
3형식	to wish to go	wishing to go
4형식	to give him a book	giving him a book
5형식	to make me happy	making me happy

3) 동사이므로 부사의 수식을 받을 수 있다.
[ex. **effectively** managing the team (○) / **effective** managing the team (×)]

◐ 이렇게 동사의 성질을 그대로 가지기 때문에 동사에 "준" 한다.. 고 해서 "준동사" 라고 부른다.

4 준동사구의 기능

준동사가 나오면 일단 묶는다. 묶을때는 준동사의 목적어, 뒤에 나온 전명구도 한꺼번에 하나로 묶는다. 묶기만 하면 해결되는 전명구와는 달리 준동사구는 묶는다고 해결되는 것이 아니다. 묶은 다음, 문장 전체에서 어떤 역할을 하는지를 파악하는 게 훨씬 중요하다. 왜냐하면 명사구냐, 형용사구냐, 부사구냐.. 에 따라 동일하게 생긴 준동사구이지만 해석이 달라진다.

기능	To부정사	ing / p.p (분사)
명사구	[~ 것]	[ing : ~ 것] – 동명사
형용사구	[~ 할]	[ing : "~하는" / p.p : "~된"]
부사구	[~ 위해서]	[ing : "~하면서" / p.p : "~되면서"]

 **to부정사**

> **to부정사 Intro**
>
> **전치사 to vs. to부정사**
>
> > **He responded to me vs. I want to go**
>
> ○ 전치사 'to'와 to부정사의 'to'를 구분하기 위해서 to부정사의 경우는 반드시 to 뒤에 'do'를 붙여서 외우도록 하자!! - ex. want to do, wish to do..
>
> **to부정사란?**
>
> > 부정사(不定詞)는 정해져 있지 않은 품사라는 의미. to부정사 자체만으로는 어떤 품사의 역할을 할지 알 수 없다. 일단은 하나의 덩어리로 to부정사구를 묶어내고, 문장 내에서 어떤 역할을 하는지 살펴봐야 한다.

기능	To부정사	ing / p.p (분사)
명사	[~ 것]	[ing : 동명사 "~ 것"]
형용사	[~ 할]	[ing : "~하는" / p.p : "~된"]
부사	[~위해서]	[ing : "~하면서" / p.p : "~되면서"]

 **To부정사의 역할**

'to study Toeic'이라는 준동사구가 문장 안에서 위치에 따라 해석이 어떻게 달라지는지 살펴보자

1) 명사구 (~것)

> **(To study Toeic) is fun.**   - S   토익을 공부하는 것은 재미있다
> **I need (to study Toeic).**   - O   토익을 공부하는 것을 필요로 한다
> **My goal is (to study Toeic).**   - C   내 목표는 토익을 공부하는 것이다

○ 명사구의 경우 문장 안에서 주어/목적어/보어 역할을 한다.

> 😊 **to부정사 vs ing**
>
> 영어에서 명사구를 만드는 방법은 2가지가 있다. 하나는 지금 배우는 **to**부정사, 또 하나는 다음시간에 배우는 **ing**(동명사).
>
> > **I want (to go)** vs **I enjoy (watching TV)**
> > 나는 가는 것을 원한다   나는 TV보는 것을 즐긴다
>
> 둘 다 목적어 역할을 하고 있고, "~~하는 것"으로 해석한다. 그러나 시제상의 차이가 있다. **to**부정사는 '미래지향적', 동명사는 '과거지향적' 시제의 의미를 가진다. "가기를 원한다"는 것은 미래에 가겠다.. 는 미래지향적의미. "TV보는 것을 즐긴다"는 것은 앞으로 TV를 보겠다는 것이 아니고, TV를 과거에 많이 봤으며 이것을 즐긴다는 의미. 그러므로 과거의 습관과 관련된 경우 동명사(ing)를 목적어로 취한다. 문제에 막상 **to**부정사냐 동명사냐를 묻는 문제가 출제되면, 동사의 의미를 가지고 미래지향적이냐 과거지향적이냐를 따지기는 쉽지 않다. 기본적으로 외워두어야 한다. 이번 장에서는 **to**부정사를 목적어로 취하는 동사를 외워두고, 다음 장에서 동명사를 목적어로 취하는 동사를 공부하자!

ⓑ to부정사를 목적어로 취할 수 있는 동사

want to do, **hope** to do, **wish** to do, **would like** to do	원하다, 희망하다
need to do, **agree** to do, **intend** to do, **decide** to do, **plan** to do	미래지향적 의미
try to do, **aim** to do	노력하다
fail to do, **refuse** to do	부정적 의미

2) 형용사구 (~할)

I have a plan (to study Toeic).
토익을 공부할 계획을 가지고 있다

○ 'happy'와 같은 하나의 단어로 구성된 형용사는 명사를 꾸며주면 명사 앞에 위치한다. 그러나 형용사구나 형용사절은 길기 때문에 명사 앞에 오지 않고 뒤에서 앞에 있는 명사를 꾸며준다.

3-1) 부사구 (~하기 위해서)

I got up early (to study Toeic).
　　　　토익을 공부하기 위해서 나는 일찍 일어났다
in order to study Toeic (부사구를 강조하는 표현. 의미는 동일하다 "토익을 공부하기 위해서".)

○ 부사구의 경우 누구를 꾸며주는 역할이 아니고 독립적, 부가적으로 쓰인다.

3-2) 부사구 (~하게 되어서) ⇒ [be + 감정형용사 + to do]

I am happy (to study Toeic).
　　나는 **토익을 공부하게 되어서** 기쁘다

○ 감정형용사 뒤에 나오는 to부정사는 감정을 느끼게 된 이유를 설명해준다.

2. To부정사의 동사적 성질

1) 목적어를 가진다

I want to attend. (X) / I want to attend the meeting. (O)

○ 준동사로 쓰여도 원래 동사의 성질은 그대로 유지된다. 타동사라면 뒤에 목적어가 반드시 있어야 하고, **be**동사라면 뒤에 보어가 나오며, **make**와 같은 5형식 동사는 목적보어를 취하는 5형식으로 쓰일 수 있다. **ex. I want to be happy. / I want to make you happy.**

2) 시제 (단순시제 / 진행시제 / 완료시제)

기본적으로 to부정사는 미래지향적인 시제의미를 가진다. to부정사에 추가적인 시제의 의미를 담을 때는 두 가지 방법이 있다.

to go / to be going / to have gone

① 진행시제

It is nice to be sitting here with you.

○ 동작이 진행되고 있음을 강조할 때 사용.

② 완료시제

> **He claimed to have seen a ghost.**　　그는 귀신을 봤었다고 주장했다.

○ 주절의 본동사(claim) 보다 하나 앞선 시제임을 강조: 주장한 건 오늘 아침이고 귀신을 본 것은 그 이전임을 강조.

3) 태

> **My car needs to be fixed.**
> 　　제 차는 수리되는 것을 필요로 합니다 → 제 차는 고쳐야 해요

○ to부정사의 수동태 형태를 낯설어 하는 경우가 무지 많다. 'to be p.p'형태가 등장하면 '아! to부정사인데 수동태구나'라고 이해하자! to부정사의 태를 묻는 문제는 곧잘 출제된다. to부정사의 형태를 물어보는 문제가 등장하면 반드시 능동인지 수동인지를 따져보자. ① 목적어의 유무, ② 주어와의 의미상의 관계를 확인해보자.

4) 부정문

> **Try not to be late.**　　늦지 않는 것을 노력해라 → 안 늦도록 노력해

○ to부정사 앞에 not이 붙으면 to부정사구만 부정으로 해석한다. "안 늦는 것"

 가주어/가목적어 it

1) 가주어 It

> **It is important for me to study Toeic.**
> 　　내가 토익을 공부하는 것은 중요하다

○ 앞 문장에서 받아 올 명사가 없는데 문장이 'It'으로 시작하면 '가주어'를 떠올리자. 가주어를 보자마자 일단 진주어를 먼저 찾는다. to부정사 앞에 'for+n.'가 붙으면 의미상의 주어! "~을 위해서(X)"가 아니고 "~이(O)" 주어처럼 해석한다.

2) 가목적어 it (5형식구조)

This book makes it easy for me to study Toeic.
이 책은 내가 토익을 공부하는 것을 쉽게 만들어 준다

○ 5형식 구조에서 목적어 자리에 it이 나오면 먼저 가목적어를 떠올리자!

> 😊 'for+n.' to부정사의 의미상의 주어
>
> to부정사의 의미상의 주어는 가주어/가목적어 구문에만 나오는 것이 아니다. to부정사 앞에서 의미상의 주어를 쓰고 싶을 때는 항상 for+n.를 쓸 수 있다.
>
> **There is no need for you to apologize.**
> 네가 사과할 필요는 없다
>
> 'to apologize'는 need를 꾸며주는 형용사구. for you는 의미상의 주어이므로 "네가"로 해석한다.

4. 기타구

to부정사구는 명사구/형용사구/부사구를 벗어나는 구조로도 쓰인다. 다음의 2가지 '기타'에 해당하는 용법까지 알아두자.

1) 5형식 목적보어 (목적어를 주어처럼 해석)

We expect the price to increase.	우리는 가격이 증가할 것이라고 예상한다
The price is expected to increase.	가격이 증가할 것이라고 예상된다

2) 사람주어 + be + 형용사 + to do

He is able to go.	그는 갈 수 있다
He is likely to go.	그는 갈 가능성이 높다
He is willing to go.	그는 기꺼이 가려고 한다
He is reluctant to go.	그는 가기를 꺼린다
He is ready to go.	그는 갈 준비가 되어 있다
He is eager to go.	그는 몹시 가고 싶어한다

○ 이들 형용사는 be동사 뒤에 나올 때 항상 to부정사를 수반한다. 'be able to'를 합쳐서 일종의 '조동사 대용'으로 인식하고 묶어서 한꺼번에 해석하자!

[확인학습]

1. She agreed (to help / helping) me in the end.

2. The manufacturer refused (replace / to replace) the defective products.

3. The Internet made it possible (communicate / to communicate) much more easily.

4. It is time (for / of) the postman to come.

5. There is no need (in you / for you) to start the meeting now.

6. The organization decided (promoting / to promote) the art festival on the website.

7. Employees are strongly (encouraged / encouraging) to attend the information session tomorrow.

8. Mr. Simpson will not be able to (attend / attending) the sales presentation tomorrow.

9. No one doubts her ability (performing / to perform) as a chief accountant in the firm.

10. Business analysts believe that the upward trend is likely (continuing / to continue) until the end of the year.

To부정사 Summary		
역할	명사구 "것"	To study Toeic is fun. (S)
		I need to study Toeic. (O)
		My goal is to study Toeic. (C)
	형용사구 "~할"	I have a plan to study Toeic.
	부1) "~위해서"	I got up early to study Toeic.
	부2) "~ 되어서"	I am happy to study Toeic.
동사적 성질	목적어 취하기	I want to attend the meeting.
	완료시제	He claimed to have seen a ghost.
	수동태	My car needs to be fixed.
	부정문	Try not to be late.
It	가주어	It is important for me to study Toeic.
	가목적어	This book makes it easy for me to study Toeic.
기타구	5형식 V + 목 + to do	We expect the price to increase. / The price is expected to increase. (allow, enable, ask, require, encourage)
	be + 형 + to do	He is able (likely, willing, reluctant, ready, eager) to go

[뼈대바르기 연습 Review]

1. She agreed to help me in the end.
해석]

2. The manufacturer refused to replace the defective products.
해석]

3. The Internet made it possible to communicate much more easily.
해석]

4. It is time for the postman to come.
해석]

5. There is no need for you to start the meeting now.
해석]

6. The organization decided to promote the art festival on the website.
해석]

7. Employees are strongly encouraged to attend the information session tomorrow.
해석]

8. Mr. Simpson will not be able to attend the sales presentation tomorrow.
해석]

9. No one doubts her ability to perform as a chief accountant in the firm.
해석]

10. Business analysts believe that the upward trend is likely to continue until the end of the year.
해석]

11. Applicants for the auditor's position are asked to send in a resume and summarize their skills.
해석]

12. Emergency repairs were expected to take at least three weeks.
해석]

13. To inspect the facilities before the upcoming event, the firm required several staff members to work overtime.
해석]

14. The meeting's purpose is to discuss improvements in employee benefits.
해석]

15. The management encouraged employees to come up with new ideas.
해석]

16. We would like to remind customers to handle this device cautiously.
해석]

17. The team failed to complete the project, so they did not receive bonuses.
해석]

18. I'm sorry not to have come on Thursday.
해석]

19. You are silly not to have locked your car.
해석]

20. The reason was to make it easier for tech help to document their work.
해석]

21. It would be a good idea to have them supply the meals for our employee cafeteria.
해석]

[기본 문장 영작연습]

1. 토익을 공부하는 것은 재미있다 / 나는 토익을 공부할 필요가 있다 / 내 목표는 토익을 공부하는 것입니다.
영작]
_____

2. 나는 토익을 공부할 계획을 가지고 있다.
영작]
_____

3. 나는 토익을 공부하기 위해서 일찍 일어났다. / 나는 토익을 공부하게 되어서 행복하다.
영작]
_____

4. 내 차는 수리될 필요가 있다.
영작]
_____

5. 늦지 않도록 노력해라.
영작]
_____

6. 내가 토익을 공부하는 것은 중요하다.
영작]
_____

7. 이 책은 내가 토익을 공부하는 것을 쉽게 만들어준다.
영작]
_____

8. 우리는 가격이 오를 것이라고 예상한다. / 가격이 오를 것으로 예상된다.
영작]
_____

9. 그는 갈 수 있다 / 그는 갈 가능성이 높다 / 그는 기꺼이 가려고 한다 / 그는 가기를 꺼린다 / 그는 갈 준비가 되어 있다 / 그는 몹시 가고 싶어 한다.
영작]
_____

[뼈대바르기 연습 Preview]

1. Studying Toeic is fun. / He suggested studying Toeic. / My duty is studying Toeic.
해석]

2. I object to going there.
해석]

3. By reducing prices, we can improve profits.
해석]

4. He succeeded in opening a new restaurant.
해석]

5. We are committed to providing better service.
해석]

동명사

> ing / p.p Intro

영어를 중도 포기한 사람들 중에 ing/p.p가 걸림돌이 된 사람이 가장 많을 것이다. ing/p.p가 우리를 괴롭히는 가장 큰 이유는 동일한 형태로써 너무 여러 가지 기능을 가지기 때문이다. 두리뭉실 이것저것 공부하다 보면 나중에 머리에서 모두 엉켜버려서 딱 때려 치고 싶은 충동을 느낄 수 밖에 없다. 일단 이들의 기능을 분류하면 크게 세가지로 나뉜다.

[본동사의 일부]

He is leading a company. 그는 회사를 이끌고 있다   [진행시제 **be ing**]
The product was purchased. 물건이 구매 되었다   [수동태 **be p.p**]
I have purchased a car. 나는 차를 구입했다   [완료시제 **have p.p**]

◉ ing는 현재진행시제를 만들 때, p.p는 수동태나 완료시제를 만들 때 사용한다.

[준동사구]

He succeeded in leading a company. 그는 회사를 이끄는데 성공했다
Products purchased from the store are promptly delivered.
                 그 가게에서 구매된 제품은 신속하게 배송된다

◉ to부정사구처럼 뒤에 목적어나 전명구를 수반해서 한 덩어리의 준동사구를 형성하며, 명사구나 형용사구 부사구의 역할을 한다. 가장 생소하게 느껴지는 부분일 것이다. 이 부분을 먼저 집중적으로 공부해본다.

[형용사]

Samsung is a leading semiconductor manufacturer.
                 삼성은 잘나가는 반도체 제조업체다
We have packed all the purchased items. 구매된 모든 물건을 다 포장했다

◉ happy나 smart처럼 하나의 단어로 구성된 형용사 기능으로, 명사를 꾸며주며 명사 앞에 위치한다. 다 배우고 나면 준동사구 역할을 하는 ing/p.p와 형용사 역할을 하는 ing/p.p가 가장 혼동될 것이다. 하나씩 차근차근 배우고 나서 자세하게 비교 분석해본다.

> **동명사(ing) Intro**
>
> 준동사구는 to부정사구에서 연습했듯이, 구를 하나로 묶어서 하나의 덩어리로 인식하고, 문장 안에서 어떤 역할을 했는지 파악하는 것이 가장 중요하다. 명사구인지, 형용사구인지, 부사구인지에 따라 해석이 달라진다. 그런데 ing/p.p로 명사구를 만들 때는 ing만 사용한다. p.p로 시작하는 명사구는 존재하지 않는다. 그래서 명사구로 쓰이는 ing만 이름이 다르다. 모든 ing/p.p는 분사라고 부르지만 명사구 역할을 하는 ing는 동명사라고 부른다. 명사구 역할을 하는 ing부터 공부해보자.

기능	To부정사	ing / p.p (분사)
명사	[~ 것]	[ing : 동명사 "~ 것"]
형용사	[~ 할]	[ing : "~하는" / p.p : "~된"]
부사	[~위해서]	[ing : "~하면서" / p.p : "~되면서"]

 **동명사의 역할**

1) 명사구 (~것)

to부정사의 명사구와 흡사하며 해석도 동일하다

> **Studying Toeic is fun.**   – S 역할
> 토익을 공부하는 것은 재미있다
>
> **He suggested studying Toeic.**   – O 역할
> 그는 토익을 공부할 것을 제안했다
>
> **My duty is studying Toeic.**   – C 역할
> 내 의무는 토익을 공부하는 것이다

◎ 동명사를 목적어로 취하는 동사

suggest, consider, enjoy, finish(=stop, quit, discontinue), mind

◐ to부정사를 목적어로 취하는 동사는 앞에서 정리해 봤다. 과거 습관을 묘사하는 과거지향적 의미의 동사들은 동명사를 목적어로 취한다. 외워 두자!

2-1) 동명사와 to부정사의 결정적 차이 (전치사 뒤에는 동명사만 사용)

> **I object to the plan.**   나는 그 계획에 반대한다

전치사 뒤에는 항상 명사가 나온다. 위의 문장도 전치사(to) 뒤에 명사(the plan)가 나온 구조다. 그렇다면 전치사 뒤, 명사 자리에는 명사구도 나올 수 있을 것이다. 영어에서 명사구를 만드는 방법은 to부정사구와 동명사구 2가지뿐이다. 전치사 뒤에는 둘 중 누가 나올 수 있을까?

> **I object to going there (O) / I object to to go there (X)**

to부정사는 전치사 뒤에는 쓰이지 않는다. 전치사 중에도 to가 있기 때문에 'to to'가 겹쳐 나올 수 있기 때문이다. 전치사 뒤에 ing가 나오면 '아~ 명사대신 명사구가 왔구나'라고 인식하고 "~하는 것"으로 해석하면 된다! 해석할 때 가장 많이 혼동하는 부분이니 철저히 연습해두자!

2-2) 동명사와 친한 전치사

① by ing "~함으로써"

> **By reducing prices, we can improve profits.**
> 가격을 줄임**으로써**, 우리는 이윤을 개선할 수 있다

◐ 직역하면 "~하는 것에 의해서"지만 워낙 많이 쓰이는 표현이니 "~함으로써"라고 자연스럽게 의역하자.

② in ing "~하는데 있어서"

> **He succeeded in opening a new restaurant.**
> 그는 새 식당을 오픈**하는데 있어서** 성공했다

◐ 역시 직역하면 "~하는 것 안에서"가 되지만 "~하는데 있어서"로 의역하고 가자.

③ to ing "~하는 것에"

> **They are committed to _____ better service.**
> **a. provide   b. providing**

○ 이런 문제가 나오면 머뭇거리게 된다. 빈칸 앞에 to가 'to부정사'라면 동사원형인 a. provide가 정답이 될 테고, to가 전치사라면 동명사인 b. providing이 정답이 될 것이다. 'be committed to'에서 to는 전치사다. 그러므로 b. providing이 정답! 그러므로 숙어표현을 외울 때 to가 전치사인시 to부정사인지를 구분해서 외우는 것은 매우 중요하다. 혼동하지 않기 위해서 to부정사 표현은 항상 'to do'와 같이 'do'를 붙여서 외우는 것을 습관을 들여야 한다.

전치사 to 중에서 동명사와 짝꿍이 잘 되는 표현들이 있다. 이 표현들은 외워두지 않으면 문제 풀 때 매우 헷갈릴 수 밖에 없다. 게다가 빈출유형! 아래 나와있는 표현은 반드시 외워두고 가자!

> **I am not used to making speeches in public.**
> **(= be accustomed to ~ing)**
> 　　　　　　　　　나는 대중 앞에서 연설을 하는 것에 익숙하지 않다
> **I object to going there.**
> 　　　　　　　　　나는 거기 가는 것에 반대한다
> **We are committed to providing better service.**
> **(=be devoted, dedicated to ~ing)**
> 　　　　　　　　　우리는 더 나은 제품을 만드는 것에 최선을 다한다, 전념한다
> **I look forward to seeing you.**
> 　　　　　　　　　나는 너를 만나기를 학수고대하고 있다

명사 vs. 동명사

토익을 처음 접하는 수험생들이 가장 많이 하는 실수 중에 하나가 명사자리에 동명사를 넣어서 틀려온다는 것. 명사와 동명사는 엄연히 다르다. 명사는 하나의 단어이지만, 동명사(ing)는 덩어리 명사, 즉 명사구를 만드는 준동사다. 혼자 쓰이는 것이 아니라 목적어 등과 함께 명사구를 형성한다. 그 차이점을 살펴보자.

 reserve를 형태에 맞게 넣어보세요

> You have to call in advance for _____ at the restaurant.
> You have to call in advance for _____ tables at the restaurant.

> You have (in advance) (for <u>reservation</u>) (at the restaurant).
> S   조동사   V   전명구   전명구   전명구
>   식당에서의 **예약**을 위해 미리 전화하셔야 합니다

○ 전치사 뒤 자리이므로 빈칸은 명사자리.

> You have call (in advance) (for <u>reserving</u> tables) (at the restaurant).
> S   조동사   V   전명구   전명구(전치사+명사구)   전명구
>   식당에서 **자리를 예약하는 것**을 위해 미리 전화하셔야 합니다

○ 빈칸은 전치사 뒤 자리이지만 빈칸 뒤에 명사가 또 나와있으므로 명사가 올 수는 없다. 여기서는 명사(tables)를 목적어로 취하는 동명사 자리! 전치사 뒤에는 명사도 나올 수 있지만 명사구도 나올 수 있다고 앞서 배웠다. 'by~ing, in~ing'와 같은 구문!

> ✗ You have to call in advance for reserving at the restaurant.

○ 가장 실수가 많은 유형! 동명사는 동사의 성질을 가지는 준동사이므로, 타동사인 경우에는 동명사 뒤에는 반드시 목적어가 있어야 한다. 영어에서는 **타동사**가 본동사로 쓰였건, 준동사로 쓰였건, **뒤에 목적어가 나오지 않으면 틀리는 문장**이다. 그러므로 **전치사 앞에서 '명사냐 동명사냐' 문제가 나오면 항상 명사 우선**으로 골라오자!!

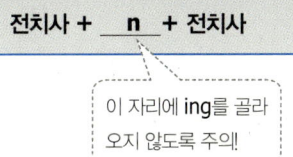

동명사(ing)는 준동사로써 능동태다. 그러므로 타동사라면 반드시 뒤에 목적어가 있어야 한다. 동명사를 고를 때는 반드시 뒤에 목적어가 있는지 확인! 뒤에 전치사가 나온다면 목적어가 없다는 의미이므로 절대 동명사를 골라오지 말자!

이 자리에 ing를 골라오지 않도록 주의!

😊 자동사의 동명사는 예외

◎ **I am interested in participation in the seminar.**
저는 세미나 **참석**에 관심이 있습니다

◎ **I am interested in participating in the seminar.**
저는 세미나에 **참석하는 것**에 관심이 있습니다

자동사 뒤에 명사가 나오려면 전치사가 필요하다. 그러므로 자동사의 동명사는 전치사 앞에 나올 수 있다. 고로 위에 문장에서는 전치사 앞자리에 명사/동명사가 둘 다 나올 수 있다. 명사/동명사가 둘 다 나올 수 있기 때문에 시험에는 절대 출제될 수 없다. 토익에서는 복수정답이 존재하지 않기 때문이다. 일단 시험에서 '명사냐/동명사냐'를 물어본다면 무조건 전치사 앞에서는 명사를 골라오자!

[확인학습]

1. We have considered (to open / **opening**) a branch office in Tokyo.
2. (Learn / **Learning**) languages is a hard work.
3. French Airs will discontinue (**providing** / to provide) on-line booking service.
4. Kelly is thinking about (to change / change / **changing**) her job.
5. (Wash / **Washing**) their hands is required for food service workers.
6. I object to (pay / **paying**) so much money for badly made products.
7. The small café on the corner is committed to (provide / **providing**) excellent coffee and fine service.
8. Heather (planned / **suggested** / wished) asking my lawyer for his opinion on this merger deal.
9. Every company division will contribute to (improve / **improving**) employee productivity.
10. Competitiveness is maintained by (upgrade / **upgrading**) the skills of the employees.

동명사 Summary		
명사구 "~것"	S	**Studying Toeic** is fun.
	O	He suggested **studying Toeic**.
	C	My duty is **studying Toeic**.
	전치사뒤	I object to **going there**.
동명사와 친한 전치사	by ing "~함으로써"	**By** reduc**ing** prices, we can improve profits.
	in ing "~데 있어서"	He succeeded **in** open**ing** a new restaurant.
	to ing "~것에"	We **are committed to** provid**ing** better services.
	be used(accustomed) to ~ing / be committed(dedicated, devoted) to ~ing / object to ~ing / look forward to ~ing	
명사 vs 동명사	전치사 앞 명사	for **reservations** at the restaurant
	목적어 있으면 동명사	for **reserving** tables at the restaurant

[뼈대바르기 연습 Review]

1. She is responsible for creating a highly successful advertising campaign for all vitamins.
해석]

2. I'm talking about moving to the country.
해석]

3. I hate the idea of getting old.
해석]

4. You can't make omelets without breaking eggs.
해석]

5. My favorite activity is reading thrillers.
해석]

6. We have considered opening a branch office in Tokyo.
해석]

7. Learning languages is a hard work.
해석]

8. French Airs will discontinue providing on-line booking service.
해석]

9. Kelly is thinking about changing her job.
해석]

10. Washing their hands is required for food service workers.
해석]

11. I object to paying so much money for products of poor quality.
해석]

12. The small café on the corner is committed to providing excellent coffee and fine service.
해석]

13. The instruction booklet can give you information on creating a password.
해석]

14. Heather suggested asking my lawyer for his opinion on this merger deal.
해석]

15. Every company division will contribute to improving employee productivity.
해석]

16. Competitiveness is maintained by upgrading the skills of the employees.
해석]

17. Mr. Madai suggested promoting one of his team members.
해석]

18. The government is committed to preserving natural resources.
해석]

[기본 문장 영작연습]

1. 토익을 공부하는 것은 재미있다
영작]

2. 그는 토익을 공부할 것을 제안했다
영작]

3. 내 의무는 토익을 공부하는 것이다
영작]

4. 가격을 줄임으로써, 우리는 이윤을 개선할 수 있다
영작]

5. 그는 새 식당을 오픈하는데 있어서 성공했다
영작]

6. 나는 거기 가는 것에 반대한다

영작]

7. 우리는 더 나은 제품을 만드는 것에 최선을 다한다

영작]

[뼈대바르기 연습 Preview]

1. Students studying Toeic are here.

해석]

2. The plan announced in the meeting was great.

해석]

3. Reading a book, you have to turn on the light.

해석]

4. When reading a book, you have to turn on the light.

해석]

5. As mentioned above, Seoul is a great place to live.

해석]

 분사

> **분사 Intro**
>
> 앞서 ing가 명사구 역할을 하는 것을 배웠다. 명사구에서는 p.p는 쓰지 않고 ing만 사용하기 때문에 동명사라고 불렀다. 동명사를 제외한 나머지 모든 ing/p.p는 분사라고 부른다. ing/p.p는 서로 사촌지간이다. 같은 기능을 가지며 능동일 때는 ing, 수동일 때는 p.p를 사용한다. 앞서 명사구를 공부했으니 이번에는 형용사구와 부사구를 정리해보자!

1. 형용사구

기능	To부정사	ing / p.p (분사)
명사	[~ 것]	[ing : 동명사 "~ 것"]
형용사	[~ 할]	[ing : "~하는" / p.p : "~된"]
부사	[~위해서]	[ing : "~하면서" / p.p : "~되면서"]

형용사구는 명사를 꾸며주는 역할이다. 그런데 하나의 단어로 구성된 형용사(ex. happy, smart)와는 결정적인 차이가 있다. 형용사는 명사를 꾸며줄 때 명사 앞에 나오지만, 형용사구는 여러 단어들이 조합된 긴 덩어리 형용사이기 때문에 명사 앞에 나오지 않고, 뒤에서 앞에 있는 명사를 수식한다.

```
n. ┌ ing ~ ┐   "~하는"
   └ p.p ~ ┘   "~된"
```

뒤에서 앞에 있는 명사를 수식하면, ing로 시작하는 형용사구는 '능동'의 의미니까 "~하는"으로 해석되고 p.p는 '수동'의 의미이므로 "~된"으로 해석한다.

1) ing : "~하는"

> Students (**studying Toeic**) are here.
> 토익을 공부**하는** 학생들이 여기 있습니다

Children **reading books**	**책을 읽는** 어린아이들
Birds **singing songs**	**노래하는** 새들

2) p.p : "~된"

The plan (announced in the meeting) was great.
미팅에서 발표**된** 계획은 훌륭했습니다

Products **purchased from our store**	우리 가게에서 **구매된** 제품들
Cars **manufactured by Hyundai**	현대에 의해 **제조된** 차들

[과거시제 vs. p.p]

영어에서 '~ed'의 형태로 끝나는 동사는 1)과거시제, 2) p.p 2가지 기능을 가진다. 그래서 p.p로 시작하는 형용사구가 가장 혼동되는 구조다. 둘을 구분해보기 위해 일단 동사의 형태변화를 살펴보자.

[불규칙 동사]		[규칙 동사]
go – 원형		invite – 원형
went – 과거시제	vs	invited – 과거시제
gone – p.p		invited – p.p

불규칙 동사들은 과거시제와 p.p가 다르게 생겼지만, 규칙변화를 하는 대부분의 동사들은 과거시제와 p.p가 동일하다. 둘을 구분하는 것이 가장 중요하다!

> 과거시제로 쓰인 **ed**는 능동의 의미이므로 반드시 뒤에 "~누구를 초대했다"는 목적어가 나와야 한다.

We invited people : 과거시제 / 본동사 / 능동   우리는 사람들을 **초대했다**
people invited to the party ~ : p.p / 준동사 / 수동   파티에 **초대된** 사람들

> p.p로 사용된 **ed**는 수동의 의미이므로 뒤에 목적어가 나오지 않는다.

◐ 그러므로 '~ed'로 끝나는 동사 뒤에 목적어가 있으면 과거시제, 목적어가 없으면 p.p로 판단한다!

2. 형용사구 형용사절

형용사구는 형용사절을 줄인 형태다. 모든 언어가 그렇듯이, 영어도 효율성을 위해서 최대한 말을 줄여서 하려고 한다. 형용사구는 절보다 짧고 간단한 형태이지만, 대신 절에 있는 시제에 대한 정보는 누락된다. ing/p.p로 시작하므로 능동이냐 수동이냐 하는 '태'에 대한 정보만 남는다.

> **Students (who study Toeic) are here.**　　[형용사절]
> 　　　　토익을 공부하는 학생들이 여기 있다

형용사절은 다른 이름으로 관계대명사절이라 부른다. 해석은 형용사구와 동일하다.

> **Students (who study Toeic) are here.**　　[형용사절]
> ↓
> **Students (studying Toeic) are here.**　　[형용사구]

절을 구로 만들기 위해서 절을 연결할 때 쓰는 접속사(who)가 생략되고, 접속사가 생략되면 동사의 수가 하나 줄어야 하기 때문에 본동사인 study가 준동사인 studying으로 바뀐다.

> **Students (studying Toeic) are here.**
> 　　　　(who + ?)

형용사구가 생소하게 느껴지고, 이 보다 형용사절이 친근하다면, 처음에는 형용사구를 볼 때 형용사절을 연상하면서 의미파악을 해보자. 일단 students 뒤에는 관계대명사 who가 생략된 구조다. 관계대명사(접속사)가 있다면 뒤에는 반드시 본동사가 와야 한다. 그런데 students 뒤에는 studying이라는 준동사가 떡 하니 버티고 있다. studying을 본동사로 만들어 주려면? 앞에 be동사만 있으면 된다. (be~ing는 본동사)

> **Students (studying Toeic) are here.**
> 　　　　(who + be)

그러므로 편의상 '관계대명사+be동사'가 생략된 구조로 이해하자.

[형용사구는 형용사절을 줄인 형태]

3. 부사구

기능	To부정사	ing / p.p (분사)
명사	[~것]	[~것] – 동명사
형용사	[~할]	[ing : "~하는" / p.p : "~된"]
부사	[~위해서]	[ing : "~하면서" / p.p : "~되면서"]

부사구는 독립적으로 쓰인 구로써 주절보다 앞에, 혹은 주절 뒤에 위치한다.

$$\begin{bmatrix} \text{ing} \sim \\ \text{p.p} \sim \end{bmatrix}, \text{S+V} \quad \text{"~하면서"} \quad \text{"~되면서"}$$

$$\text{S+V (,)} \begin{bmatrix} \text{ing} \sim \\ \text{p.p} \sim \end{bmatrix} \quad \text{"~하면서"} \quad \text{"~되면서"}$$

◐ 부사구가 주절 뒤에 나올 때, 콤마는 있을 수도 없을 수도 있다.

1) ing : "~하면서"

Reading a book, you have to turn on the light.
　　　　　　　　책을 읽으면서, 너는 불을 켜야 한다

I had a talk with Sally, **explaining the problem**.
　　　　　　　　나는 샐리와 얘기했다. 문제점을 설명해주면서

◐ 영어는 의미상 중요한 부분을 뒤에 넣어서 강조해준다.

2) p.p : "~되면서"

Mentioned above, Seoul is a great place to live.
　　　　　　　위에서 언급되면서, 서울은 살기 좋은 곳이다

◐ 부사구는 "면서"로 해석하면 어색한 경우가 많다. 부사구는 부사절을 줄인 형태이기 때문에 원칙적으로는 문맥상 따져보고 원래 부사절일 때 어떤 접속사가 있었을 지를 추정해서 해석해줘야 한다. 일단 부사절이 어떻게 부사구가 되는지를 살펴보자.

3. 부사구 ← 부사절 축약형 ← 부사절

형용사구가 형용사절을 줄인 형태이듯이, 부사구도 부사절을 줄인 형태다. 부사절을 먼저 만들어보고, 부사구로 전환해보자.

> **(When you read a book), you have to turn on the light.** [부사절]
> 너는 책을 읽을 때, 불을 켜야 한다

괄호로 묶은 절은 전체 문장에서 주어/목적어 역할(명사절)을 하는 것도 아니고 명사를 수식(형용사절) 해 주고 있지도 않다. 주절과 상관없이 독립적으로 부가적으로 쓰였다. 이런 절을 부사절이라고 한다. 부사절이 주절보다 앞에 나올 때는 항상 콤마가 찍혀있기 때문에 알아보기 쉽습니다.

> ~~When you~~ read a book, you have to turn on the light. [부사절]
> → Reading a book, you have to turn on the light. [부사절]

◐ 절을 구로 만들 때, 일단 접속사는 필요 없다. 접속사는 절을 연결하는 연결어! 삭제하고, 절이 아니니까 주어도 필요 없다. 이때 생략되는 주어는 대부분 주절과 일치한다. 그러나 일치하는 않는 경우도 종종 있는데, 누구나 문맥상 파악할 수 있는 경우 생략된다.

이렇게 접속사를 없애고 나면 이제 동사의 수가 하나 줄어야 한다. 접속사 없이 한 문장에서 동사가 2개 나올 수는 없기 때문이다. 그렇다고 동사를 삭제하면 의미가 통하지 않는다. 그래서 본동사인 **read**를 준동사인 **reading**으로 바꿔준다.

부사구의 해석은, 문맥을 파악해서 '아 여기 접속사 when이 생략됐구나'라고 추정해서 "~할 때"로 해석 하는게 정석. 그러나 독해할 때 우리에게 이리저리 추정할만한 시간적 여유는 없다. 가장 무난한 부사 구 다운 해석은 "~하면서/~되면서".

> **Reading a book, you have to turn on the light.** [부사구]
> 책을 읽으면서, 너는 불을 켜야 한다

그런데, "책을 읽으면서"라고 해석하니 좀 애매하긴 하다. '책을 읽을 때인지, 읽고 나서인지, 읽기 때문 에인지..' 정확한 의미를 알 수 없다. 부사절 접속사는 when, if, because, before, after.. 보면 알 수 있 듯이 고유의 의미를 가진다. 그런데 부사절 접속사를 생략하고 부사구를 만들어 놓으니, 짧아서 좋긴 하지만 아무래도 의미의 정확도가 떨어진다.

그래서 제3의 형태가 만들어진다. 그것이 **부사절 축약형**!

> **When you read a book**, you have to turn on the light.　　[부사절]
> ⇨ **When** reading a book, you have to turn on the light.　　[부사절 축약형]
> ⇨ **Reading a book**, you have to turn on the light.　　[부사절]

부사구 앞에 다시 부사절접속사만 붙여준 형태!

> **When reading a book**, you have to turn on the light.　　[부사절 축약형]
> 　　　　책을 읽을 때, 너는 불을 켜야 한다

앞으로 문장에서 부사구보다 부사절 축약형을 더 많이 보게 될 것이다. 짧지만 의미전달의 정확도가 높기 때문에 많이 사용된다.

그런데 부사절 축약형은 매우 파격적인 구조다. 우리는 접속사가 생기면 동사의 수도 1개 늘어난다고 배웠다. 그러나 부사절 축약형은 접속사(when) 뒤에 본동사가 아닌 여전히 준동사(reading)가 나온다.

> **When** _____ **a book**, you have to turn on the light.　　[부사절 축약형]

부사절 접속사 뒤에서 주어 없이 바로 동사를 고르는 문제가 출제되면 빈칸은 준동사(ing/p.p) 자리!

여기서 만점짜리 문제유형까지 살펴보자!

> _____ **reading a book**, you have to turn on the light.　　[부사절 축약형]

빈칸은 부사절 접속사 자리! 빈칸 뒤에 주어/동사가 모두 갖춰진 절이 나왔을 때 접속사를 골라오는 건 매우 쉽다. 그러나 위에 문장은 빈칸 뒤에 주어도 없고, 본동사도 아닌 준동사가 나와있다. 그럼에도 불구하고 빈칸은 접속사 자리다. 이런 문제 유형이 만점짜리 문제유형!

이런 문제까지 잘 풀어오기 위해 부사절 축약형의 모든 형태를 총 망라해서 정리해보자!

4. 부사절 축약형

> **When you read a book**, you have to turn on the light.　　[부사절]
> **When reading a book**, you have to turn on the light.　　[부사절 축약형]

부사절과 부사절 축약형을 비교해보자. 부사절 축약형은 접속사(when)뒤에 주어가 생략되어 있다. 주어가 있다면 뒤에는 본동사(read)가 나오고, 주어가 없을 때는 준동사(reading)가 나온다.

> **When reading a book**, you have to turn on the light.　　[부사절 축약형]
> 　　　'S+be' 생략

접속사(when) 뒤에 주어를 다시 넣는다면 준동사인 reading은 쓰일 수 없다. 그렇다면 준동사인 reading을 본동사로 바꿔주려면 필요한 것은? be reading은 본동사 형태이기 때문에 앞에 be동사만 있으면 된다. 그래서 우리는 부사절 축약형은 부사절에서 'S+be동사'가 생략된 구조라고 얘기한다.

그렇다면 reading자리에는 ing 외에 어떤 것들이 나올 수 있는 지 총 망라해서 정리해보자. 일단 'S+be'가 생략된 구조이므로 be동사 뒤에 나올 수 있는 형태들을 생각해보면 된다.

1) 접속사 + ing / p.p

　　　　'you are' 생략

> **When reading a book**, you have to turn on the light.
> 　　　책을 읽을 때, 너는 불을 켜야 한다
> **As mentioned above**, Seoul is a great place to live.
> 　　　위에서 언급되었듯이, 서울은 살기 좋은 곳이다

　　'it is' 생략

부사절 접속사 뒤에 주어 없이 바로 동사가 나올 때는 본동사가 아닌 준동사가 나온다. 이때 ing냐 p.p냐는 '수동이냐 능동이냐'를 따지는 태문제. 문제풀이는 뒤에서 설명한다.

2) 접속사 + 형용사 / 전명구

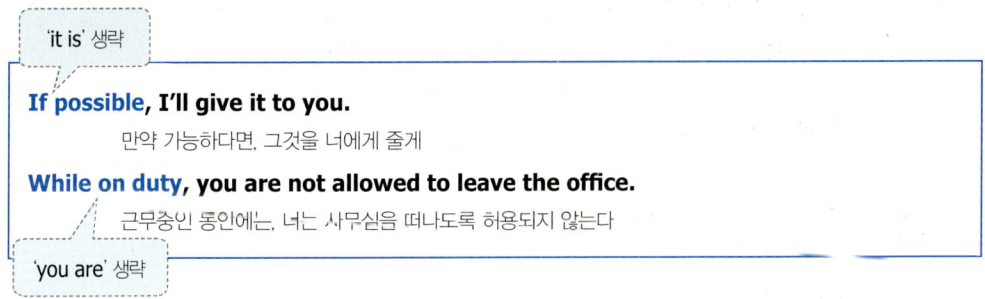

○ 전명구는 형용사구의 역할을 한다고 배웠다. 전명구는 형용사의 역할을 하기 때문에 be동사 뒤 보어자리에 종종 나온다.

3) 문제유형 (전치사 vs 접속사)

○ 만점짜리 문제유형이다. '접속사 파트에서 나중에 자세히 배우겠지만 during은 전치사 while은 접속사다. 접속사 뒤에는 절이 나와야 하는데 'on duty'는 절이 아니지 않는가. '그러니까 빈칸은 전치사'라고 생각하면 오답! 빈칸은 접속사 자리다. 정답은 b. while. 전명구가 나오면 '절의 잔재'로 인식하자!

접속사 파트에서 나중에 다시 배우겠지만, 토익에서 가장 많이 출제되는 문제유형은 빈칸이 전치사자리인지 접속사자리인지를 묻는 문제다. 접속사 자리 뒤에 '주어-동사'가 완벽히 갖춰져 있는 절이 나온다면 쉽게 풀어올 수 있는 문제다. 접속사의 종류만 알고 있으면 된다. (접속사 종류는 뒤에 접속사 파트에서 배운다.) 그런데 부사절 축약형이 등장하면 난이도가 매우 높은 문제가 된다. 전치사 뒤에 올 수 있는 것들과 부사절 축약형에서 접속사 뒤에 올 수 있는 것들을 정리해보자.

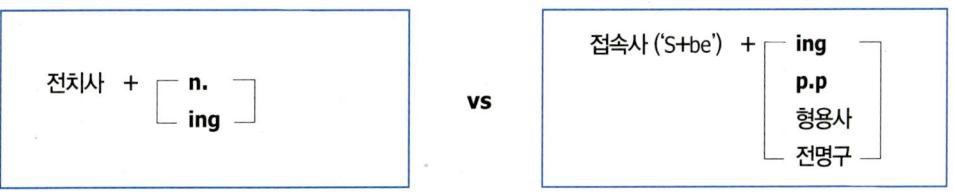

전치사와 접속사는 모두 연결어다. 전치사는 명사를 연결하고 접속사는 절을 연결해준다. 그런데 전치사 뒤에는 명사 뿐만 아니라 명사구도 나올 수 도 있다고 배웠다. 영어에서 명사구는 to부정사구/동명사구 2가지가 가능한데, 전치사 뒤에는 to부정사는 올 수 없고 동명사만 올 수 있다고 배웠다. 그러므로 전치사 뒤에는 ing가 나올 수 있다.

접속사 뒤를 살펴보자. 부사절 축약형의 경우 접속사 뒤에서 'S+be'가 생략되기 때문에 접속사 뒤에는 ing/p.p/형용사/전명구가 나올 수 있다.

명사나 ing 앞에서는 전치사를, ing/p.p/형용사/전명구 앞에서는 접속사를 골라오면 된다. 그런데 여기서 공통된 것이 보인다. ing 앞에는 전치사/접속사가 모두 나올 수 있다. 이때는 순전히 해석에 의존해서 전치사든 접속사든 의미상 어울리는 연결어를 골라와야 한다.

부사절 축약형은 최근 출제빈도가 매우 높다. 4개의 대표적인 예문은 반드시 외워두자.

When reading a book,	책을 읽을 때
As mentioned above,	위에서 언급되었듯이
If possible,	만약 가능하다면
While on duty	근무 중인 동안에

5. 문제풀이전략

구조만 파악하고 나면 문제를 푸는 건 간단하다. 분사 문제는 늘 ing냐 p.p냐를 고르는 문제가 출제된다. 빈칸이 준동사 자리라는 것만 파악했다면 ing냐 p.p냐를 결정하는 건 쉽다. 준동사는 시제 정보는 전혀 가지고 있지 않기 때문에 '태'만 따져주면 된다. 능동이면 ing, 수동이면 p.p. 형용사구, 부사구, 부사절 축약형 모두 동일하게 적용된다.

1) 목적어의 유/무

목적어 있으면 ing

Students (studying Toeic) are here. [형용사구]
The plan (announced in the meeting) was great.

목적어 없으면 p.p

목적어 있으면 ing

When reading a book, you have to turn on the light. [부사절 축약형]
As mentioned above, Seoul is a great place to live.

목적어 없으면 p.p

목적어가 있는 경우는 항상 능동이므로 ing를 골라오면 된다. 그런데 목적어가 없는 경우는 자/타동사의 경우가 다르다. 자동사의 경우는 목적어가 없어도 여전히 능동태를 골라와야 하기 때문에 이때는 '주어와 의미상의 관계'를 따져서 Double Check을 해야 한다.

2) 주어와 의미상의 관계 (Double Check)

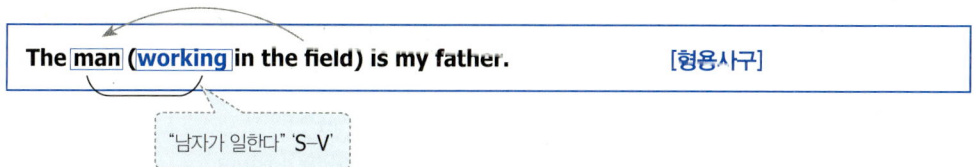

◐ 목적어는 없지만 work은 자동사이므로 ing가 정답이 된다. 그러므로 목적어가 없는 경우는 '주어와 의미상의 관계'를 다시 한번 따져서 Double Check을 해야 한다. 형용사구의 수식을 받는 명사(man)가 형용사구의 주어. 의미상 관계를 따져보면 "남자가 일한다" 'S–V'관계이므로 ing가 정답.

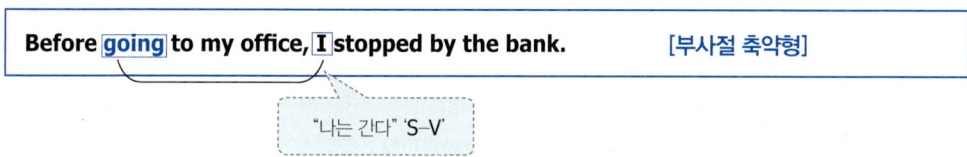

◐ 목적어는 없지만 go는 자동사이므로 ing가 정답. 그러므로 목적어가 없는 경우는 '주어와 의미상의 관계'를 따져봐야 한다. 그런데 부사절 축약형에는 주어가 생략되어 있다. 그러나 대부분 생략된 주어는 주절의 주어와 일치한다. 주절의 주어인 I와 의미상 관계를 따져보면 "나는 간다(O)", "나를 간다(X)" 'S–V'관계이므로 ing가 정답.

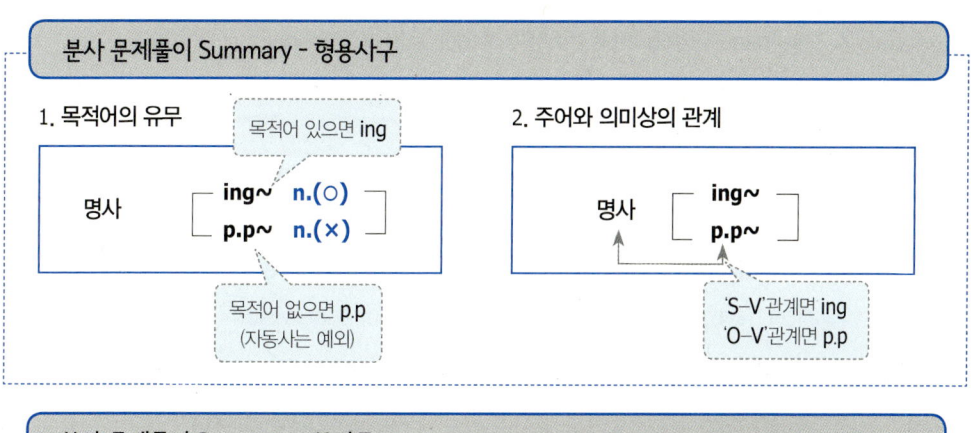

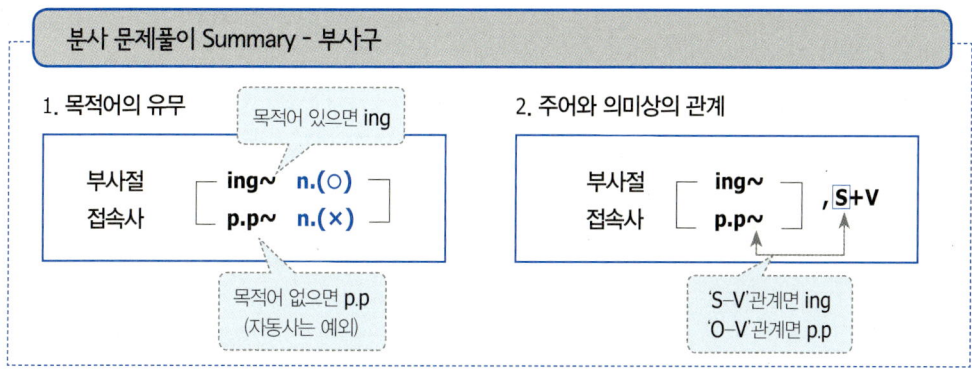

형용사구 / 부사구 Summary				
형용사구	"~하는"		Students **studying Toeic** are here.	
	"~된"		The plan **announced in the meeting** was great.	
부사구	"~하면서"		**Reading a book,** you have to turn on the light.	
	"~되면서"		**Mentioned above,** Seoul is a great place to live.	
부사절 축약형	ing	you are 생략	**When reading a book,**	
	p.p	it is 생략	**As mentioned above,**	
	형용사	it is 생략	**If possible,**	
	전명구	you are 생략	**While on duty**	

[확인학습]

1. Most of the people (inviting / invited) to the party didn't show up.
2. (Serving / Served) with milk and sugar, it makes a delicious breakfast.
3. My sister had a talk with Sally, (explaining / explained) the problem.
4. Anyone (touching / touched) the wire will get a shock.
5. She has been quite different since (joining / joined) the team.
6. Not (knowing / known) what to do, I called the police.
7. The man (sitting / sat) in the corner is my brother.
8. Attendance at the conference reached 3,000 this year, (breaking / broken) last year's record of 2,500.
9. They offered me a job (cleaning / cleaned) cars.
10. The project will continue as (planning / planned).
11. When (opening / opened), cans should be kept in a refrigerator.
12. You have to leave your valuables under our supervision (while / during) on tour.

[뼈대바르기 연습 Review]

1. Most of the people invited to the party didn't show up.

해석]

2. Served with milk and sugar, it makes a delicious breakfast.

해석]

3. My sister had a talk with Sally, explaining the problem.

해석]

4. Anyone touching the wire will get a shock.

해석]

5. She has been quite different since joining the team.

해석]

6. Not knowing what to do, I called the police.

해석]

7. The man sitting in the corner is my brother.

해석]

8. Attendance at the conference reached 3,000 this year, breaking last year's record of 2,500.

해석]

9. They offered me a job cleaning cars.

해석]

10. The project will continue as planned.

해석]

11. When opened, foods should be kept in a refrigerator.

해석]

12. You have to leave your valuables under our supervision while on tour

해석]

13. Personal information provided by its clients is kept secure at all times.

해석]

14. The Green Seeds is an organization devoted to creating community gardens throughout Gragdon County.

해석]

15. The meeting originally scheduled to be held on Friday has been postponed.

해석]

16. We expect the event to be larger than ever, exceeding last year's turnout of 800 members of the association.

해석]

17. For your safety, please wear earplugs when operating this machinery.

해석]

18. All cars manufactured by Kyhachi Motors meet the government's minimum standard for fuel efficiency.

해석]

19. All merchandise ordered by 6 p.m. will be delivered overnight.

해석]

20. Anyone wishing to apply for the position is asked to submit a resume along with a minimum of three references.

해석]

21. When ordering new equipment, project leaders must remember not to exceed the budget.

해석]

22. Originally limiting itself to the sale of concert tickets, concertticket.com has now started to sell its T-shirts, posters and other merchandise on its website.

해석]

23. Salanoff Fashions now operating throughout Russia started as a small store 10 years ago.

해석]

24. Heavy rain will continue across much of the region, possibly affecting the morning rush-hour commute.

해석]

25. Offered monthly, the workshops take place at the Dimona Arts Center on Saturdays from 1:00 to 3:00 p.m.

해석]

26. Ms. Grandison has more than 30 years' experience working as a professional sculptor.

해석]

27. We advise you to check the seasonal weather trends for your destination before making your reservation.

해석]

[기본 문장 영작연습]

1. 영어를 공부하는 학생들이 여기 있다.
영작]

2. 미팅에서 발표된 계획은 훌륭했습니다.
영작]

3. 책을 읽으면서, 너는 불을 켜야 한다.
영작]

4. 위에서 언급되었으면서, 서울은 살기에 좋은 곳이다.
영작]

5. 책을 읽을 때,
영작]

6. 위에서 언급되었듯이,
영작]

7. 만약 가능하다면,
영작]

8. 근무중인 동안에,
영작]

[뼈대바르기 연습 Preview]

1. our demanding boss / leading companies / our valued employees / the revised book

해석]

2. exciting movies / the movie is exciting

해석]

3. The letters requesting payment have been sent.

해석]

4. It has rained all day, ruining parties.

해석]

5. The reserved table / reserving the table

해석]

분사형 형용사

이 단원에서 배우는 ing/p.p는 준동사가 아닌 형용사다. 우리가 알고 있는 일반 형용사(ex. happy, smart)와 똑 같은 역할을 하는데 형태가 ing/p.p로 끝나는 형용사다. happy와 같이 하나의 단어로 구성된 형용사이기 때문에 위치는 명사 앞에 나온다. 형용사 역할을 하는 ing/p.p는 그다지 어렵지 않다. 그런데 문제는 형용사 역할을 하는 분사와, 앞서 배운 준동사를 구분하는 것이다. 여기서 가장 난이도 높은 문제들이 출제된다. 일단 형용사역할을 하는 ing/p.p를 정리해보고 그 다음, 형용사와 준동사를 구분하는 문제 유형을 익혀본다.

분사형 형용사 Intro

a/the/one's _____ 명사   '관형명'

관사나 소유격 뒤에는 명사가 온다. 'the book / my book'. 그런데 그 중간에 뭔가가 들어간다면 이 자리에 들어올 수 있는 건 명사를 꾸며주는 형용사뿐! '관형명'이라고 순서를 외워두면 나중에 문제 풀 때 아주 요긴하게 쓸 수 있다.

a/the/one's   ing/p.p   명사   '관형명'

그런데 이 자리에 ing/p.p가 등장한다면? 이때 ing/p.p는 준동사가 아닌 단순 형용사 역할이다. 다음의 형태를 살펴보자.

the remaining seats   남아있는 자리

remaining을 사전에서 찾아보면 'remain'의 분사라고 나와있지 않고 '형용사'라고 나와있다. happy와 같은 형용사인데 형태만 '~ing'로 끝날 뿐이다. 우리가 happy를 형용사로 외웠듯이 remaining도 형용사로써 외워둬야 한다. 그런데 만약 외워두지 않았는데 remaining인지 remained인지를 고르라는 문제가 나왔다면? 이런 문제 유형은 포기할 필요가 없다. 애초에 왜 어떤 형용사는 ing형태로, 어떤 형용사는 p.p의 형태로 형용사를 만들었는지 논리가 있을 것이다. 이 논리를 역으로 적용하면 문제를 쉽게 풀어올 수 있다. 어떻게 ing/p.p 형태가 정해지는지 먼저 살펴보자.

1. ing / p.p 형태의 형용사

| a/the/one's | ing | n. | - 'S-V' 관계 |
| | p.p | | - 'O-V' 관계 |

ing는 능동의 관계일 때, p.p는 수동의 관계일 때 사용한다. 풀어서 얘기하면 뒤에 나온 수식 받는 명사와 '주어-동사' 관계일 때는 ing, '목적어-동사' 관계일 때는 p.p를 쓴다.

the remaining seats   남아있는 자리

remain동사와 뒤에 나온 seats(명사)의 의미상 관계를 따져보면 "자리**가** 남아있다" 'S-V'관계다. 그러면 형용사의 형태는 ing가 된다. 다른 얘도 살펴보자.

my demanding boss   나의 까다로운 사장님

demand는 "요구하다" 의미. "사장님**이** 요구하다(O)", "사장님**을** 요구하다(X)" 'S-V'관계이므로 역시 ing.

a leading company   선두 기업

선두기업의 의미니까 lead "이끌다"와 의미상 관계를 따져보면 "이 회사**가** 다른 회사들을 이끈다(O)", "다른 회사들이 이 회사**를** 이끈다(X), 역시 'S-V' 관계이므로 ing.

a purchased product   구매된 제품

purchase는 "구매하다" 이므로, "제품**이** 구매하다(X)", "제품**을** 구매하다(O)", 'O-V' 관계이므로 p.p. 이때, 해석에 의존해서 "구매하신 물건"이니까 능동,이라고 추정하지 않도록 주의하자! 반드시 동사 형태를 기준으로 수식 받는 명사와 의미상 관계를 따져본다!

> 😊 **자동사로 만든 형용사는 항상 ing**
>
> 자동사는 목적어를 취하지 않는 동사이므로 'O-V'관계는 성립할 수 없다. 항상 'S-V'관계일 수 밖에 없으므로 자동사에서 출발한 형용사는 모두 ing 형태! remaining seats도 그 한 예이다.
>
> **existing system** 기존의 시스템   **lasting impact** 지속적인 영향

1) ing 형태의 형용사

ing와 p.p형태의 형용사는 약간의 차이가 있다. p.p형태의 경우, "~된"이라는 의미로 형용사를 만들고 싶다면 우리가 알고 있는 동사에 '~ed'를 붙여서 형용사로 활용하면 된다. 그러나 ing형태의 형용사는 임의로 만들어 쓸 수 없으며 형용사로 쓰이는 것들이 정해져 있다. 자주 출제되므로 아래 12개의 형용사는 외워두자!

lasting impact 지속적인 영향	**remaining seats** 남아 있는 자리
existing system 기존의 시스템	**demanding boss** 까다로운 사장님
leading company 선두 기업	**encouraging news** 고무적인 뉴스
missing files 없어진 파일	**promising candidates** 전도유망한 후보
opposing views 반대 의견	**challenging project** 어려운 프로젝트
rewarding job 보람 있는 일	**understanding people** 이해심이 많은 사람들

2) ed 형태의 형용사

'~ed'로 끝나는 형용사 중에서도 형용사 형태로 굳어진 어휘들이 있다. 이들은 외워두자.

detailed information 자세한 정보	**crowded street** 붐비는 거리
complicated problem 복잡한 문제	**valued employees** 소중한 직원들

이 외에 "~된"의 의미로 형용사를 만들어 쓰고 싶다면 동사에 '~ed'를 붙여 아래와 같이 형용사로 활용할 수 있다.

revised book 개정된 책	**proposed policy** 제안된 정책
reserved seats 예약된 좌석	**purchased products** 구매된 제품 ...

2. 감정형용사

또 하나의 분사형 형용사를 살펴보자. '사람의 감정'을 묘사하는 감정동사에 ing나 ed를 붙이면 이들도 역시 형용사 역할을 한다.

감정동사 + ing/ed = 감정형용사

그런데, ing나 p.p 중 하나의 형태로 정해져 있는 일반 분사형 형용사와는 달리, 감정형용사의 경우는 ing/p.p 형태를 모두 쓸 수 있다. 언제 ing형태를 쓰고 언제 p.p형태를 쓰느냐는 역시 '의미상의 관계'를 따져서 결정하면 된다. 그런데 여기서 감정동사의 특징을 생각하면 의미상 관계를 쉽게 따질 수 있다. 감정동사의 특징을 살펴보자.

> **The movie excited me.** 그 영화는 우리를 신나게 만들었다
> **Test scores disappointed students.** 시험점수가 학생들을 실망시켰다

감정동사는 사람의 감정을 묘사하며 항상 '사람 목적어'를 취하는 특징이 있다. 그렇기 때문에 '사람명사'를 수식하는 경우 의미상의 관계를 따지면 항상 'O-V'관계가 성립한다. 그러므로 사람명사를 수식할 때 감정형용사는 'ed' 형태가 된다. 반면 사물명사는 감정동사의 목적어 자리에는 절대 올 수 없다. 온다면 주어자리. 그러므로 사물명사를 꾸며주는 경우 'S-V'관계만이 성립할 수 있다. 그러므로 사물명사를 꾸며줄 때는 ing형태가 된다.

> 사람수식 ⇒ 감정동사 + ed
> 사물수식 ⇒ 감정동사 + ing

그렇다면, 감정형용사의 경우 '어떤 명사'를 기준으로 사람/사물을 따져야 할까. 이 부분을 정리하기 위해 형용사의 기본적인 3가지 자리를 정리해보자.

ⓥ 형용사의 세 가지 자리

1) 명사수식 [a happy person] 형용사 뒤에 있는 명사가 사람이면 ed / 사물이면 ing.

> a/the/one's [ing / p.p]   사물명사   **an exciting movie, a disappointing score**
> 　　　　　　　　　　　　　사람명사   **excited people, a disappointed student**

2) 주격보어 [I am happy] 주어가 사람이면 ed / 사물이면 ing.

> 사물주어 + be + [ing / p.p]   **the movie is exciting, the score is disappointing**
> 사람주어   **I am excited, students are disappointed**

3. 목적격 보어 [make me happy] 5형식 구조에서 목적어가 사람이면 ed / 사물이면 ing.

> make
> keep
> leave + 사물목적어 / 사람목적어 + [ing / p.p]   **make the movie exciting**
> find   **make me excited**
> consider

4. 형용사 vs. 준동사

분사형 형용사는 별로 어렵지 않다. '의미상 관계'만 잘 따져서 ing/p.p를 결정해 주면 된다. 그런데 문제는 분사형 형용사와 준동사를 혼동하는 데 있다. 가장 오답률이 높은 만점짜리 문제 3가지 유형을 다뤄볼 텐데, 모두 준동사자리인데 형용사 자리로 착각해서 틀리는 유형이다. 3가지 유형을 잘 익혀두고 쉽게 풀어오도록 하자!

1) 형용사 vs 형용사구

> The letters _____ payment have been sent.
> a. requested   b. requesting

◐ '명사 앞이니까 형용사'라고 착각해서 틀리는 문제. 빈칸의 앞 뒤에 모두 명사가 있는 경우 이 자리에 형용사는 절대로 들어갈 수 없다.

> The letters **requested** payment have been sent.

형용사 자리로 오판한 경우 의미상 관계를 따져서 ("대금지불을 요청하다" 'O-V'관계) p.p형태를 골라오게 된다. 해석해보면 "그 편지들 요청된 대금지불이 발송되었다". 주어가 2개나 나온 구조로 문장이 성립하지 않는다. 그러므로 앞 뒤에 모두 명사가 있는 경우 주의! 이 자리는 무조건 준동사 자리!

준동사로 판단한 경우 '목적어의 유무'를 따지게 된다. 빈칸 뒤에 명사가 있으므로 이 곳에 들어갈 형태는 항상 ing. 정답은 b. requesting.

> The letters (**requesting** payment) have been sent.
> 대금지불을 요청하는 편지들이 발송되었다

> n. (___ing___ n.)   : 형용사구 "~하는"

2) 형용사 vs 부사구

> It has rained all day, _____ parties.
> a. ruined   b. ruining

◐ 역시 '명사 앞자리니까 형용사자리'라고 오판하기 쉬운 문제. 형용사로 생각했다면 역시 의미상의 관계를 따져서 ("파티를 망치다" 'O-V'관계) p.p형태를 골라오게 된다.

It has rained all day, ruined parties.

해석해보면 "하루 종일 비가 내렸다. 망쳐진 파티들". 완전한 절 뒤에 명사가 추가로 나올 수는 없다.

It has rained all day, (_____ parties).

전체 구조를 보면, 완전한 절 뒤에 추가로 나왔으므로 괄호로 묶은 부분은 명사가 아닌 부사구가 되야한다. 부사구를 만드는 방법은 영어에서 2가지 뿐이다. 전명구와 준동사구. 그런데 보기 중에 전치사는 없으므로 준동사구를 만들어줘야 한다. 준동사라고 판단하면 '목적어의 유무'로 따져보게 된다. 빈칸 뒤에 명사(목적어)가 있으므로 ing형태만이 들어올 수 있다. 정답은 b. ruining.

It has rained all day, (ruining parties).
　　하루 종일 비가 왔다. 파티를 망쳐 놓으면서. (비가 와서 그 결과 파티를 망쳤다)

S + V + O, (__ing__ n.)　　　　: 부사구 "~하면서"

3) 형용사 vs 명사구 (동명사)

on _____ tables
a. reserving　b. reserved

여기서 구조적으로 보면 정답은 둘 다 가능하다! 전치사 뒤에는 명사구가 올 수 있다. 2개의 명사구 (to 부정사구 / 동명사구) 중에서 전치사 뒤에 나올 수 있는 명사구는 동명사구! 'by ~ing'와 같이 전치사 뒤에는 ing로 시작하는 명사구가 가능하다. 반면에 명사 앞자리이므로 명사를 꾸며주는 형용사도 나올 수 있다. 이때는 '의미상 관계'를 따져봐야 하는데 "자리를 예약하다" 'O-V'관계이므로 p.p형태도 나올 수 있다. 그러므로 전체 문장을 해석해서 의미상 어울리는 것을 골라와야 한다. 이렇게 출제되면 해석에 의존하게 되므로 난이도가 상당히 높아진다.

You can find more information on reserving tables.
　　자리를 예약하는 것에 관한 더 많은 정보를 찾을 수 있다

We put a 'reserved' sign on reserved tables.
　　예약된 자리에 우리는 'reserved'라고 쓰인 푯말을 놓아두었다

그런데 여기서 조금 변형된 유형을 살펴보자. 다음의 유형은 3초짜리 문제가 된다.

on _____ the tables / on the _____ tables
a. reserving   b. reserved

관사가 나오면 문제는 아주 쉬워진다. 첫 문제는 관사 앞에 빈칸이 있다. 형용사는 항상 관사 뒤에 나와야 하므로 ('관형명') 관사 앞자리에는 형용사는 절대 나올 수 없다. 그러므로 첫 문제는 a. reserving이 정답. 두 번째 문제는 관사와 명사 중간이 비어 있으므로 형용사만 들어갈 수 있는 자리. 의미상 관계를 따져보면 "자리를 예약하다" 'O-V'관계이므로 p.p형태인 b. reserved가 정답.

on reserving the tables	그 자리들을 예약하는 것에 관하여
on the reserved tables	그 예약된 자리들 위에

___ing a/the/one's n.	: 동명사 "~것"
a/the/one's 형용사 n.	: 형용사 ('관형명')

SUMMARY

모든 분사 문제는 먼저 '형용사냐 준동사냐'를 결정!

1. 준동사인 경우 ⇒ 1) 목적어 유무 (자동사예외) 2) 주어와의 관계.
2. 형용사인 경우 ⇒ 의미상의 관계 ("S-V" ing / "O-V" p.p)

확인학습

1. All products (inspecting / **inspected**) in our facility are not defective.
2. Most flights (serving / **served**) meals usually offer free beverages.
3. I received a (**disappointing** / disappointed) score this month.
4. Safety has greatly improved since the (revising / **revised**) procedures were implemented.
5. I find the movie (**fascinating** / fascinated).
6. Please keep me (informing / **informed**) of the current situation.
7. (Locating / **Located**) in the center of the city, the hotel offers various facilities.
8. All of the recently (hiring / **hired**) employees must view a video on workplace safety.
9. While (**working** / worked) in the factory, you must be always alert.
10. Please accept the (enclosing / **enclosed**) coupon book as thanks for using our service.

형용사 Summary

일반 형용사	"S-V" ing	our **demanding** boss / **leading** companies
	"O-V" ed	our **valued** employees / the **revised** book
감정동사	사물 수식 ing	**exciting** movies / the movie is **exciting**
	사람 수식 ed	**disappointed** students / I am **disappointed**
형 vs. 준동사	형용사구 (n. ing n.)	The letters **requesting** payment have been sent.
	부사구 (S+V, ing n.)	It has rained all day, **ruining** parties.
	형 vs. 동명사	The **reserved** table / **reserving** the table

😊 ing/p.p의 세 가지 기능 – 본동사 / 준동사 / 형용사

문장에서 ing/p.p를 발견하면 일단 세 가지 기능 중 어떤 기능인지를 판단해야 한다.

1) **본동사** 역할은 앞서 배웠다. be동사 have동사와 결합하여 본동사 역할을 한다.
be ing [진행시제]   be p.p [수동태]   have p.p [완료시제]

2) **준동사**로 판단된 경우는 명사구/형용사구/부사구 중 무슨 구인지 다시 파악하는 것이 가장 중요하다. 그에 따라 해석이 달라진다.

3) **형용사**인 경우는 위치로 파악한다. 명사 앞에 위치하면 일단 형용사로 간주한다.

[준동사 최종점검 Practice]

아래 굵게 표시된 부분이 본동사 / 준동사 / 형용사 인지 구분하고, 준동사인 경우는 명사구 / 형용사구 / 부사구 인지 명시하고 해석하세요.

The computer was **purchased** yesterday. [   ]
⇨

The **purchased** computers need to be regularly maintained. [   ]
⇨

The computers **purchased** at a discount often break down. [   ]
⇨

When **purchased** at a discount, computers are not refundable. [   ]
⇨

I have **purchased** the computer. [   ]
⇨

We are a **leading** company. [   ]
⇨

He is **leading** a company. [   ]
⇨

People **leading** companies suffer from intensive stress. [   ]
⇨

Leading companies, he has learned a lot. [   ]
⇨

[뼈대바르기 연습 Review]

정답을 고르고 본동사, 준동사, 형용사 인지 명시하세요. 준동사인 경우 명사구(동명사), 형용사구, 부사구, 부사절 축약형인지 구분하여 명시하세요.

1. Most of the people (invited / inviting) to the party didn't show up. [   ]
해석]

2. The sports game was (excited / exciting). [   ]
해석]

3. The information (given / giving) is not correct, so you must correct it. [   ]
해석]

4. The (finished / finishing) paper must be submitted by the end of this week. [   ]
해석]

5. Tickets (purchased / purchasing) can be exchanged within 24 hours of purchase. [   ]
해석]

6. (Write / Wrote / Written / Writing) in simple English, this book is suitable for beginners. [   ]
해석]

7. All employees interested in (attended / attending) the luncheon should add their names to the list. [   ]
해석]

8. To keep customers (satisfied / satisfying) about the product, the company is getting feedback from them. [   ]
해석]

9. The (suggesting / suggested) revisions to the second paragraph will make the passage more interesting. [   ]
해석]

10. We are considering (introduced / introducing) a new line of clothing (designed / designing) for the younger generation. [/   ]

해석]

11. The company focused exclusively on improving its (existed / existing) products in the second quarter. [   ]

해석]

12. When (faced / facing) with a problem, he always finds a solution. [   ]

해석]

13. We are (pleased / pleasing) to offer you the top-quality service. [   ]

해석]

14. The conference offers free hotel rooms for visitors (stayed / staying) overnight in the city. [   ]

해석]

15. When (driving / drove / driving) to work, I usually listen to the radio. [   ]

해석]

16. Boston-based noodle company has a restaurant chain (featured / featuring) inexpensive noodle dishes. [   ]

해석]

17. Veris Technology Company is committed to (provide / provided / providing) products at an affordable price. [   ]

해석]

18. Each employee should carefully study the materials (will give / gave / given / give) out at the beginning of the workshop. [   ]

해석]

19. After (organizing / organize / was organized / organization) a joint venture business, Mr. Simon met with some interested investors. [   ]

해석]

20. (Training / Trained) adequately, new employees will be able to successfully perform their duties. [   ]

해석]

21. When (filled / filling) out the survey, you do not need to answer all the questions. [   ]

해석]

22. (Received / Receiving) good reviews, the product sold well. [   ]

해석]

23. (Damaged / Damaging) by the hurricane, the building had to be renovated. [   ]

해석]

24. Unless (directed / directing) by your doctor, do not take any other medication. [   ]

해석]

[기본 문장 영작연습]

1. 우리 까다로운 사장님 / 선두 기업들

영작]
___

2. 우리의 소중한 직원들 / 개정된 책

영작]
___

3. 신나는 영화 / 그 영화는 신난다.

영작]
___

4. 실망한 학생들 / 나는 실망했다.

영작]
___

5. 대금지불을 요청하는 편지들이 전송됐다.

영작]
___

6. 하루 종일 비가 왔다. 파티를 망쳐놓으면서.

영작]
___

7. 예약된 테이블 / 테이블을 예약하는 것 (관사 the 넣어서)

영작]
___

준동사 총정리

기능	To부정사	ing / p.p
명사구 (S / O / C 역할)	[~것] To study Toeic is fun. I need to study Toeic. My goal is to study Toeic.	[~것] ing만 사용 (동명사) Studying Toeic is fun. He suggested studying Toeic. My duty is studying Toeic. I object to going there. ※ 전치사 뒤 : 'to (going there)' ⇒ '전치사+명사구'
형용사구 (명사 수식)	[~할] I have a plan to study Toeic.	[ing: "~하는" / p.p: "~된"] '주격 관계대명사+be' 생략 Students studying Toeic are here. ("who are"생략) The plan announced in the meeting was great. ("which was"생략)
부사구 (독립적으로 사용)	[~위해서] ex) I got up early to study Toeic. = in order to do ~	[ing: "~하면서" / p.p: "~되면서"] '부사절 접속사+S+be' 생략 Reading a book, you have to turn on the light. Mentioned above, Seoul is a great place to live.

절

[형용사절]

Students who study Toeic are here.
The plan which was announced in the meeting was great.

[부사절 축약형]	[부사절]
"S+be" 생략	
When reading a book, (you are)	When you read a book, you have to turn on the light.
As mentioned above, (it was)	As it was mentioned above, Seoul is a great place to live.
If possible, (it is)	If it is possible, I'll let you know.
While on duty, (you are)	While you are on duty, you're not allowed to leave the office.

[준동사 총정리 실전 문제]

1. Before _____ to purchase a copy machine from Fine Copy, Mr. Ryu consulted the sales representative from the company.
(A) decide			(B) decision
(C) decided			(D) deciding

2. The Vandello Health Organization last Friday held its thirteenth anniversary celebration _____ its founding members.
(A) honor			(B) honors
(C) honored			(D) honoring

3. We assure you that you will be _____ with the service provided in our exclusive resort.
(A) satisfied			(B) satisfying
(C) satisfaction		(D) satisfactory

4. Mr. Kim wants to schedule a meeting with the head of the Research and Development Department _____ discuss the company's state-of the-art laptop computer.
(A) can   (B) to   (C) so   (D) will

5. Tuition reimbursement benefits are provided by many companies as a way of _____ employees.
(A) retains			(B) retention
(C) retaining			(D) retained

6. Ms. Whang instructed her secretary _____ the letter before the end of the day.
(A) types			(B) will type
(C) was typing			(D) to type

7. If Bashimi House is unable to deliver the goods within 10 days of _____ your order, you will be entitled to cancel the order and obtain a full refund.
(A) receiving			(B) receive
(C) received			(D) receipt

8. We are selling our spring clothing at a special price to _____ room for the new summer goods.
(A) making			(B) make
(C) makes			(D) made

9. Philadelphia Dairy is one of the specialty stores _____ a large selection of quality cheese.
(A) sell (B) will sell (C) selling (D) be sold

10. The spokesperson of Adrian Corp. announced on Tuesday that they will acquire JK Campbell Industries for 3.5 million dollars, _____ its plans to break into Asia.
(A) confirms			(B) confirming
(C) confirmed			(D) confirmation

11. This morning the company announced the newly _____ dress code that will take effect as of next Monday.
(A) revising			(B) revision
(C) revise			(D) revised

12. Employees are _____ to learn and make improvements in their performance.
(A) constructive		(B) eager
(C) relative			(D) delicious

13. The owner of the Cheese Factory Restaurant was _____ to receive a favorable review in the local newspaper.
(A) convenient			(B) steady
(C) pleased			(D) creative

14. We continue to upgrade our surveillance systems, _____ our customers the top-notch security systems.
(A) ensured			(B) ensuring
(C) be ensured			(D) will ensure

15. It is my pleasure to _____ you that as of Februay 1, Adrian Rantilla will be the new District Manager in your area.

(A) inform
(B) informing
(C) be informed
(D) be informative

16. A trip to Grand Canyon will make visitors quite _____ about its beauty of nature.

(A) exciting
(B) excited
(C) excite
(D) excitement

17. The newly _____ bus terminal formally opened on Tuesday, giving passengers ease and convenience in taking buses.

(A) renovate
(B) renovated
(C) renovating
(D) renovation

18. Ms. Remnick carefully reviewed the proposal for the new plant in Ulsan before _____ to the construction.

(A) agree
(B) agreed
(C) agrees
(D) agreeing

19. Many people do not mind _____ in gold, and they also earn considerable amount of profit from it.

(A) invest
(B) to invest
(C) investing
(D) invested

20. It is known that we have to avoid excessive fat, salt and sugar _____ maintain a healthy life.

(A) for
(B) because
(C) so that
(D) in order to

21. Sales personnel are required to provide customers with a confirmation number and an _____ delivery date.

(A) expected
(B) expecting
(C) expectation
(D) expect

22. Mount Community College is committed to _____ reasonable accommodations for all students with disabilities.

(A) arranging
(B) arrangement
(C) arrangements
(D) arranges

23. The pharmaceutical firm, Goodheal, Inc., generated 120 million dollars in the second quarter, _____ it to fund its expansion into the new market.

(A) allowing
(B) allows
(C) allowance
(D) allowably

24. _____ the renovation of Rudder Tower, restoration celebration will take place this coming Monday in front of the tower.

(A) Celebration
(B) In celebration
(C) Celebrates
(D) To celebrate

25. Vezon Mobile _____ customers to upgrade within a year of the contract end date with a $20 fee.

(A) allows
(B) promotes
(C) accepts
(D) gives

26. It is mandatory _____ applicants to mention their telephone numbers so that they can be contacted in case of any discrepancy in the application form.

(A) because   (B) that   (C) so   (D) for

27. MathWorks.com is an internationally _____ developer of mathematical computing software with offices in Tokyo and New York.

(A) recognizing
(B) recognize
(C) recognized
(D) was recognized

28. After _____ reviewing a number of applications for marketing associate, we are pleased to invite you to an interview.

(A) carefully
(B) to care
(C) careful
(D) most careful

29. Both companies _____ to set up a joint venture for aircraft equipment repair.
(A) pursue (B) design
(C) explain (D) intend

30. If you are still under warranty, you can get a repair service at one of our _____ dealers.
(A) authorized (B) authorization
(C) authority (D) authorize

31. Due to low occupancy, Sunny Sky Airline cancelled a flight to Osaka on Sunday without _____ passengers in advance.
(A) notifies (B) notifying
(C) notified (D) notification

32. Our website offers detailed information for customers _____ in personal banking.
(A) interest (B) interests
(C) interested (D) interesting

33. World Information Network is _____ to providing online accommodation, transportation and travel information.
(A) dedication (B) dedicated
(C) dedicating (D) dedicative

34. To be qualified for this position, it is desirable to learn the _____ skills required of a highway construction personnel.
(A) specialize (B) specialized
(C) specializing (D) specialization

35. We are _____ that you signed up for the charity event for children in need.
(A) delighted (B) delightful
(C) delighting (D) delight

36. Walters Inc., a water supply company _____ an area on the border of Hampshire and Wiltshire, announced yesterday that it had sold its western branch.
(A) serving (B) served
(C) server (D) serves

37. The local government has recognized Midwest Corporation for its _____ contributions to the community.
(A) impress (B) impressive
(C) impressively (D) impressed

38. During the summer season, Miami Beach is too _____ with tourists and others enjoying the area and its attractions.
(A) crowd (B) crowding
(C) crowds (D) crowded

39. Changes to car seat law _____ to keep kids safer will be made next year.
(A) relied (B) designed
(C) notified (D) progressed

40. Chin Medic is a _____ distributor of medical supplies and equipment both domestically and internationally.
(A) leading (B) leader
(C) leadership (D) leads

DDABC / DABCB / DBCBA / BBDCD / AAADA / DCADA / BCBBA / ABDBA

[뼈대바르기 연습 Review]

1. Before deciding to purchase a copy machine from Fine Copy, Mr. Ryu consulted the sales representative from the company.

해석]

2. The Vandello Health Organization last Friday held its thirteenth anniversary celebration honoring its founding members.

해석]

3. We assure you that you will be satisfied with the service provided in our exclusive resort.

해석]

4. Mr. Kim wants to schedule a meeting with the head of the Research and Development Department to discuss the company's state-of-the-art laptop computer.

해석]

5. Tuition reimbursement benefits are provided by many companies as a way of retaining employees.

해석]

6. Ms. Whang instructed her secretary to type the letter before the end of the day.

해석]

7. If Bashimi House is unable to deliver the goods within 10 days of receiving your order, you will be entitled to cancel the order and obtain a full refund.

해석]

8. We are selling our spring clothing at a special price to make room for the new summer goods.

해석]

9. Philadelphia Dairy is one of the specialty stores selling a large selection of quality cheese.

해석]

10. The spokesperson of Adrian Corp. announced on Tuesday that they will acquire JK Campbell Industries for 3.5 million dollars, confirming its plans to break into Asia.

해석]

11. This morning the company announced the newly revised dress code that will take effect as of next Monday.

해석]
___

12. Employees are eager to learn and make improvements in their performance.

해석]
___

13. The owner of the Cheese Factory Restaurant was pleased to receive a favorable review in the local newspaper.

해석]
___

14. We continue to upgrade our surveillance systems, ensuring our customers the top-notch security systems.

해석]
___

15. It is my pleasure to inform you that as of Februay 1, Adrian Rantilla will be the new District Manager in your area.

해석]
___

16. A trip to Grand Canyon will make visitors quite excited about its beauty of nature.

해석]
___

17. The newly renovated bus terminal formally opened on Tuesday, giving passengers ease and convenience in taking buses.

해석]
___

18. Ms. Remnick carefully reviewed the proposal for the new plant in Ulsan before agreeing to the construction.

해석]
___

19. Many people do not mind investing in gold, and they also earn considerable amount of profit from it.

해석]
___

20. It is known that we have to avoid excessive fat, salt and sugar in order to maintain a healthy life.

해석]
___

21. Sales personnel are required to provide customers with a confirmation number and an expected delivery date.

해석]

22. Mount Community College is committed to arranging reasonable accommodations for all students with disabilities.

해석]

23. The pharmaceutical firm, Goodheal, Inc., generated 120 million dollars in the second quarter, allowing it to fund its expansion into the new market.

해석]

24. To celebrate the renovation of Rudder Tower, restoration celebration will take place this coming Monday in front of the tower.

해석]

25. Vezon Mobile allows customers to upgrade within a year of the contract end date with a $20 fee.

해석]

26. It is mandatory for applicants to mention their telephone numbers so that they can be contacted in case of any discrepancy in the application form.

해석]

27. MathWorks.com is an internationally recognized developer of mathematical computing software with offices in Tokyo and New York.

해석]

28. After carefully reviewing a number of applications for marketing associate, we are pleased to invite you to an interview.

해석]

29. Both companies intend to set up a joint venture for aircraft equipment repair.

해석]

30. If you are still under warranty, you can get a repair service at one of our authorized dealers.

해석]

31. Due to low occupancy, Sunny Sky Airline cancelled a flight to Osaka on Sunday without notifying passengers in advance.

해석]

32. Our website offers detailed information for customers interested in personal banking.

해석]

33. World Information Network is dedicated to providing online accommodation, transportation and travel information.

해석]

34. To be qualified for this position, it is desirable to learn the specialized skills required of a highway construction personnel.

해석]

35. We are delighted that you signed up for the charity event for children in need.

해석]

36. Walters Inc., a water supply company serving an area on the border of Hampshire and Wiltshire, announced yesterday that it had sold its western branch.

해석]

37. The local government has recognized Midwest Corporation for its impressive contributions to the community.

해석]

38. During the summer season, Miami Beach is too crowded with tourists and others enjoying the area and its attractions.

해석]

39. Changes to car seat law designed to keep kids safer will be made next year.

해석]

40. Chin Medic is a leading distributor of medical supplies and equipment both domestically and internationally.

해석]

동시토익

접속사

이제 드디어 뼈대바르기의 마지막 단계인 접속사! 접속사는 절을 연결해 주는 연결어다. 접속사가 등장한다는 것은 그 만큼 문장이 길어진다는 걸 의미한다. 문장이 길어질수록 길을 잃을 가능성은 높아진다. 접속사까지 정리하고 나면 문장이 아무리 길어져도 겁이 나지 않는다. 접속사까지 정리해서 뼈대바르기를 완성해보자!

1 문장의 구성

S + V + O [전치사 + n.]	전명구
S + V + O [ing / p.p / to do + 목적어 + 전명구]	준동사구
S + V + O [접속사 + S + V + O]	절

2 문장 vs 절

S + V + O.	문장

○ 마침표가 찍히면 하나의 문장의 단위가 된다. 문장의 수 = 마침표의 수

S + V	절

○ 주어/동사로 구성된 단위를 하나의 절이라고 부른다. 절의 수 = 동사의 수

기본적으로 하나의 문장은 하나의 절로 구성된다.

S + V + O.	문장 1개 / 절 1개

그런데 하나의 문장 안에 2개의 절을 쓴다면 이때는 반드시 접속사가 필요하다.

S + V + O 접속사 S + V + O.	문장 1개 / 절 1개 / 접속사 1개

S + V + O (접속사 S + V + O).
　└─┬─┘
　　주절

앞으로 접속사를 끼고 있는 절은 하나의 덩어리로 묶어서 본다. 앞에 접속사가 없는 절이 원래 있었던 절, 주인절 혹은 '주절'이라고 부른다. 한 문장 안에서 주절 외에 추가적으로 절이 나오려면 반드시 접속사가 있어야 한다.

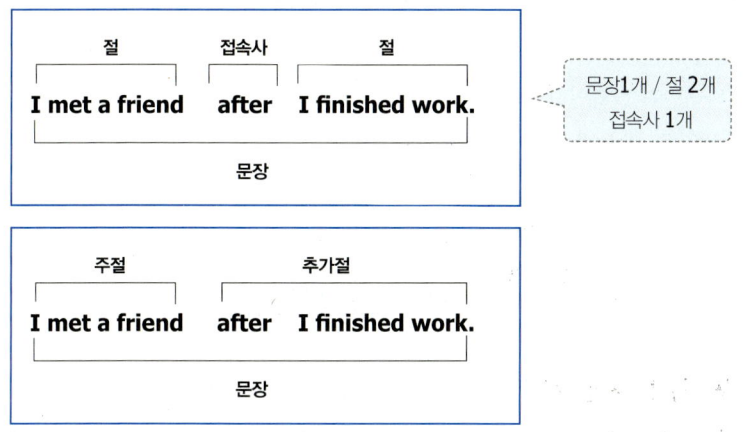

3. 접속사 끼고 있는 절의 대표적인 3가지 기능

접속사를 끼고 있는 절을 묶어서 하나의 단어처럼 인식해보자. 이렇게 추가로 나온 절은 문장에서 대표적으로 3가지 역할을 한다.

(접속사 S + V + O),　S + V + O.	부사절
주절	

➊ 주절과 상관없이 독립적으로, 부가적으로 쓰였다면 부사절.

S + V + (접속사 S + V + O).	명사절
주절의 목적어 역할	

➊ 추가절이 주절의 목적어 역할을 하고 있다. 주어나 목적어 역할을 하고 있다면 명사절.

➊ 앞에 있는 명사를 꾸며주고 있다면 형용사절.

절은 준동사구에 비해 무슨 절인지를 구분하기가 쉽다. 부사절 접속사가 쓰였다면 부사절, 명사절 접속사가 쓰였다면 명사절! 대신 접속사의 종류는 외워둬야 한다.

4 접속사 문제풀이

1) 접속사 자리인지를 확인

접속사 문제풀이의 첫 단계는 빈칸이 접속사 자리인지 아닌지를 따지는 것에서 출발한다. 보통 문제의 보기 중에는 접속사, 전치사, 부사 등이 섞여 나온다. 그러므로 접속사 자리인지를 확인하는 게 1순위.

> S + V + O _____ S + V + O.

빈칸이 접속사 자리인지를 확인하려면 문장 안에 절의 수를 세어보면 된다. 절이 2개 나왔다면 빈칸은 접속사 자리. 절의 수는 동사의 수를 세어보면 된다. 동사가 나오면 하나의 절을 구성하니까!

> 동사가 **2**개 있으므로 빈칸은 접속사 자리!
> S + **V** + O _____ S + **V** + O.

2) 부사절 / 명사절 / 형용사절 구분

접속사 자리인지를 확인했으면 부사절 / 명사절 / 형용사절을 구분해 줘야 한다.

(1) 부사절

> (**After** I finished work), I met him.
> 나는 일을 끝내고 나서 친구를 만났다

접속사 끼고 있는 절을 묶어서 봤더니 주절과 전혀 상관없이 독립적으로 쓰였다. 이렇게 독립적으로 부가적으로 쓰인 절은 부사절이라 한다. 부사절이 주절보다 앞에 나오면 주절과 확실하게 구분 짓기 위해 항상 부사절 뒤에 콤마를 찍어준다. 부사절은 이 콤마 때문에 알아보기 쉽다.

> _____ S + V**,** S + V .

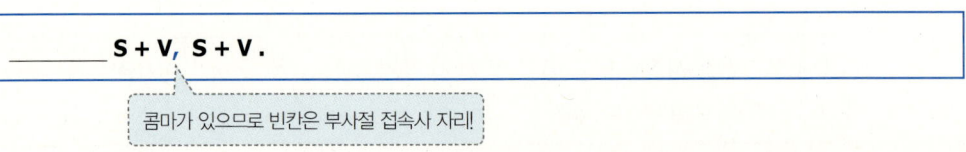
콤마가 있으므로 빈칸은 부사절 접속사 자리!

(2) 명사절

I don't know (if he is coming).
S   V   O   나는 그가 올지 안 올지를 알지 못한다.

접속사 끼고 있는 절을 묶어보니, 전체 주절에서 목적어 역할을 하고 있다. 목적어 자리에는 명사만 나올 수 있으므로 이 절은 명사절! 명사절은 동사 뒤에 나오는 구조로 가장 많이 출제된다. 동사 뒤에 절이 또 나오면 목적어 역할이므로 명사절을 생각하면 된다.

S + V (_____ S + V).

동사 뒤는 목적어 자리이므로 명사절 접속사 자리!

(3) 형용사절 (관계대명사절)

I read a book (that you recommended).
                                 나는 네가 추천한 책을 읽었다.

접속사 끼고 있는 절을 묶어서 봤더니 앞에 있는 명사(book)를 꾸며주고 있다. 명사를 꾸며주는 절이므로 형용사절! 형용사절 접속사를 **관계대명사**라고 부른다. 형용사절의 성격은 좀 더 자세히 살펴보자.

I read a book (that you recommended).

① 관계대명사 앞에는 반드시 명사가 나온다   ② 관계대명사 뒤에는 목적어가 빠진 불완전 절

① 형용사절은 명사를 꾸며주는 절이므로 형용사절 접속사인 관계대명사 앞에는 반드시 명사가 나온다. 이 명사를 관계대명사보다 앞에 나온다 하여 '**선행사**'라고 부른다.

② 관계대명사의 이름을 잘 보면 이 접속사의 성질이 보인다. '관계 + 대명사'. 관계라는 말은 연결해준다, 즉 접속사의 기능을 가진다는 의미고 이와 동시에 대명사의 기능도 가진다는 것을 알 수 있다. 관계대명사(that)는 뒤에 나올 명사를 대신하는 대명사의 역할을 한다. 관계대명사가 뒤에 나올 명사를 대신하고 있으므로 관계대명사 뒤에는 명사가 하나 빠진 **불완전한 절**이 온다. 위에 문장처럼 뒤에 목적어가 빠져있는 경우 '목적격 관계대명사절'이라고 부르고, 만약 뒤에 주어가 빠져있다면 '주격 관계대명사절'이라고 부른다.

```
S + V + O (_____ S + V).
```
명사 뒤는 명사를 꾸며주는 형용사절이 오기 때문에
빈칸은 형용사절 접속사, 즉 관계대명사 자리!

접속사 문제는 반드시 **접속사 자리 앞에 쓰인 단어의 품사를 파악**하는 것이 1순위!
동사 뒤면 명사절 접속사 / 명사 뒤면 관계대명사 / 문장 제일 앞에 빈칸이 있고 절이 끝나는 자리에 콤마가 있으면 부사절 접속사

[명사절]

[형용사사절]

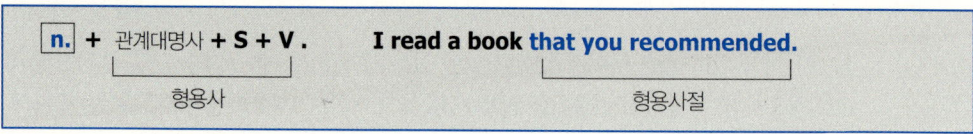

[부사절]

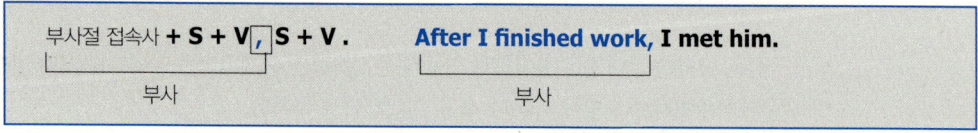

[접속사 Practice]

접속사 문제는 문장 전체 구조를 파악할 수 있는 눈을 키우는 게 가장 중요하다! 접속사 끼고 있는 절을 묶어 놓고 전체 구조에서 명사절/형용사절/부사절 중 어떤 역할을 했는지 판단하고 해석까지 해보자.

1. Conference participants who stay in the Parago hotel can go to the conference center by bus. [   ]

해석]

2. When my card was stolen on May 15th, I notified your customer service department of the theft. [   ]

해석]

3. Mr. Wyatt has assured us that the factory will be operational by June 9th. [   ]

해석]

4. Because the order was placed after the sale has ended, no discount will be given. [   ]

해석]

5. The environmental commission concluded that there is a need for immediate funding to repair the dam. [   ]

해석]

6. Safety precautions must be taken by all laboratory employees who deal with chemicals that are potentially harmful. [   ]

해석]

7. The mechanics became more efficient as they began using the new technology. [   ]

해석]

8. Passengers are advised to find out where trains will stop. [   ]

해석]

9. For a small charge, the post office offers a service that confirms the delivery of a package.
[   ]

해석]

10. Ms. Stern is an accomplished violinist who enjoys spending her free time on music composition. [   ]

해석]

11. I would like to schedule a meeting to determine whether we can use our resources more efficiently. [   ]

해석]

12. Since there were mechanical problems with the truck that he rented, Mr. Benoit would like to have his money refunded. [   ]

해석]

13. Although Ms. Ortiz has already signed a contract, he also needs to sign an official offer of employment. [   ]

해석]

14. Employees must indicate whether they will attend the picnic. [   ]

해석]

15. This book explains what you can do to encourage your team to work at its highest performance level. [   ]

해석]

Unit 5-1 등위, 상관 접속사

1. 등위 접속사

먼저 가볍게 등위접속사와 상관접속사를 다루고 간다. 그런데 사실상 가장 복잡하고 까다로운 접속사를 고르라고 하면 and를 꼽을 수 있다. 문장에서 무진장 많이 등장하는데, and가 등장하면 갑자기 문장구조가 뚝 끊기는 경우가 많다. 토익에서 and가 어려운 문법문제로 출제되지는 않는다. 다만 독해할 때는 and 때문에 해석이 꼬이는 경우가 많으므로 구조를 정리해보고 많은 문장을 통해 연습해보자. 어느 문법책에도 나와있지 않은 등위접속사의 패턴 정리를 최초로 시도해본다!

1) 등위접속사의 종류

> and / or / but (=yet)

2) 등위접속사의 기본 특징

(1) 동등한 자격

> **After I finished work, I met a friend.**   [부사절]
> 종속절 (부사절)   주절

> **I finished work and I met a friend.**   [등위접속사로 연결된 절]

부사절의 경우는 주절 쪽에 의미상 비중이 더 크다. 부사절은 추가로 나온 절. 그러나 등위접속사로 연결된 경우는 그 앞에 절이나 뒤에 절이나 의미상의 비중이 똑같다. 동등한 절을 연결한다고 하여 등위접속사라고 부른다.

(2) 병렬구조 / 동일 어휘 생략가능

등위접속사가 연결하는 절은 앞절과 뒷절에서 동일한 어휘가 나올 경우 생략이 가능하다. 그런데 이 생략되는 패턴이 너무나 다양하기 때문에 한 눈에 파악되지 않는 경우가 많다. 어느 부분이 생략되었는지, 어떻게 병렬구조를 이루는지를 찾아내는 것이 가장 중요하다. 생략되는 기본 원리를 먼저 살펴보자.

> **I had coffee and donuts.**

이런 문장이 나온 경우 '어! and 뒤에 명사밖에 없는데, 그럼 and가 전치사인가?'라는 의문을 가질 수 있다. and는 전치사가 아닌 접속사다. 왜 이런 구조가 만들어지는지 보자.

> **S + V + O and S + V + O**

절과 절이 연결된 구조에서 만약 앞절과 뒷절의 주어와 동사가 동일하다면 하나는 생략할 수 있다. 절의 앞부분이 동일한 경우 and 뒷절에서 생략해준다.

> **S + V + O and O**
>   S+V 생략

원래는 명사 앞에 '주어+동사'가 있었는데 앞절과 동일해서 생략되었다고 이해하면 된다.

> **I had coffee and donuts.**
>   I had 생략

조금 다른 패턴을 살펴보자.

> **S + V + O and S + V + O**

주어가 동일해서 주어를 생략했다.

> **S + V + O and V + O**

그런데 목적어도 동일하다. 그렇다면 목적어도 생략할 수 있다. 그런데 목적어는 절의 끝부분이다. 이때 and의 뒷절에서 목적어를 생략하면 문장이 타동사로 끝나기 때문에 보기 좋지 않다. 그래서 절의 끝부분이 동일한 경우는 and의 앞절에서 생략한다.

> **S + V and V + O**

그러면 and 앞뒤로 동사가 병렬구조인 문장이 만들어진다. 실제 예문을 가지고 살펴보자.

> **I met and loved her.**

> I met and loved her.
> ⇨ I met ~~her~~ and ~~I~~ loved her.

and가 등장하면 일단 and의 바로 뒤에 나온 단어의 '품사와 형태'를 파악하고, 이것과 병렬구조(같은 품사와 형태)를 and 앞절에서 찾는다. 여기서는 loved가 과거시제 동사이므로 바로 앞에 있는 met와 병렬구조! 그렇다면 met뒤에는 loved의 목적어인 'her'가 동일하므로 생략된 것이고 loved 앞에는 met의 주어와 동일한 'I'가 생략된 구조임을 알 수 있다.

좀 더 복잡한 구조로 병렬구조 찾기를 연습해보자.

> I expect him to come and make a presentation.

다음 문장의 병렬구조를 파악해보자. 일단 and를 기준으로 뒤에 나온 어휘와 동일한 '품사와 형태'를 앞절에서 찾는다.

> I expect him to come and make a presentation.
>

and 뒤에는 동사원형(make)이 나왔다. 앞에서 동사원형을 찾아 보니 2개가 있다. expect와 come 중에 누구와 병렬구조일지는 구조상으로는 판단할 수 없다. 해석에 의존해서 확인해야 한다. expect를 먼저 확인해보자.

> I expect him to come and (I) make a presentation.
>   나는 그가 올 것을 기대하고 있으며 나는 발표한다

make가 expect와 병렬구조라면 생략된 어휘는 expect 앞에 I가 된다. 그런데 해석해보니 영 어색하다. 그렇다면 expect와 병렬구조가 아닌 것이다. 두 번째 come을 확인해보자.

> I expect him to come and (I expect him to) make a presentation.
>   나는 그가 올 것을 기대하고 있으며 나는 그가 발표할 것을 기대한다.

come 앞에 있는 'I expect him to'를 make 앞에 넣고 해석해보니 딱 들어맞는다. 그러면 come과 병렬구조임을 판단할 수 있다.

병렬구조를 제대로 찾아내야 정확한 해석을 하고 의미를 파악할 수 있다. 많은 문장에서 연습해봐야 한다. 일단 기본적인 패턴을 정리해보고 연습문제를 통해 많은 문장에서 실제로 연습해보자.

(3) 병렬구조의 기본 패턴

① 단어 and 단어

단어가 병렬구조인 경우는 가장 한 눈에 잘 들어오는 구조다.

(A) 명사 and 명사

> My father and mother love me.

(B) 형용사 and 형용사

> She is pretty and smart. She is a pretty and smart girl.

(C) 부사 and 부사

> You have to calculate it quickly and accurately.

(D) 동사 and 동사

> Come and see me=Come see me. Go get it.

○ come / go 뒤에서는 and 가 종종 생략되기도 한다.

(E) 전 and 전

> You have to submit it on or before Friday. 금요일 당일이나 그 전에

○ 가장 까다로운 구조. 실제 기출에서 [on ___ before Friday]에서 빈칸에 or를 골라오는 문제가 출제되었을 때 오답률이 무지하게 높았다. 원래는 [on Friday or before Friday "금요일 당일이나 금요일 전에"] 라는 표현인데 Friday가 중복되기 때문에 생략된 구조. 끝 부분이 동일한 경우는 or 앞절에서 생략해 준다고 했다. 독해에서도 종종 보게 될 자주 쓰이는 표현이므로 묶어서 외워두자!

(F) 접 and 접

> Before and after a knife is used, it should be properly cleaned.

② 구 and 구

> **We are required to study hard and submit all the homework.**

◐ to부정사구가 병렬을 이룰 때 and 뒤에서 to는 종종 생략된다.

> **We attribute our success to our employees' hard work and to favorable economy.**

◐ 전명구의 병렬. 전치사는 생략될 수도 있고, 위와 같이 반복될 수도 있다.

③ 절 and 절

> **I finished work and the phone rang.**

④ 단어 and 구

> **John dealt with clients' requests efficiently and with great care.**

◐ 부사와 부사구가 병렬구조로 연결된 형태.

⑤ 혼합병렬

> **You can choose a black and white or color TV set.**

◐ and와 or 두 개의 등위접속사가 나온 경우는 하나씩 따져본다.

> **You can choose a black ⌐and⌐ white or color TV set.**

and를 중심으로 black/white가 병렬구조. 그 다음은 'black and white : 흑백'을 하나의 덩어리로 묶어서 보자.

```
                          TV set 생략
                            ┆
You can choose a ( black and white ) or color TV set.
                        A              or    B
```

'black and white TV set or color TV set : 흑백 텔레비전이나 컬러 텔레비전을 선택할 수 있다'

2. 상관접속사

특정 등위 접속사와 짝꿍을 이루는 구조로, 모두 등위접속사로 연결되어 있기 때문에 A와 B는 병렬구조를 이룬다. 단어와 단어, 구와 구, 혹은 절과 절이 연결된다. as well as는 통째로 하나의 등위접속사로 볼 수 있다. 외워 두면 3초짜리 문제!

종류	의미	예문
both A and B	A와 B 모두	Both men and women can vote.
either A or B	A나 B 둘 중 하나	Employees receive either a bonus or time-off.
neither A nor B	A도 B도 둘 다 아닌	Neither John nor Sally is at home.
between A and B	A와 B 사이에	You can call me between 8 a.m. and 5 p.m.
not only A but also B	A 뿐만 아니라 B도	She is not only beautiful but also smart.
A as well as B	B 뿐만 아니라 A도	He gave me a pen as well as a pencil.

확인학습

1. We are looking for (experience, experienced) and dedicated workers.
2. Sally applied for the job (and, when) received a call immediately.
3. All senior staff will be given a bonus for their diligence (as, and) loyalty to the company.
4. I am looking forward to joining your fundraising campaign and to (discuss, discussing) business issues.
5. We learned about word processing, using e-mail, and surfing the Internet to find information and (make, making) purchases.
6. Fourteen people in the sales (for, and) service departments are considered for promotion to management positions.
7. The consultant advised neither expanding the factory (or, nor, when) hiring more workers.
8. The gallery is holding a major exhibition of both new (or, but, and) familiar works of Warhol.
9. AMP Corporation will (both, neither, either, not only) merge or form a strategic partnership with Royal Co.
10. (Either, Neither) president nor his secretary will be able to attend the Monday meeting.
11. Participants were told to arrive by noon, (yet, so) most of them were late.

12. You may mail (so, or) fax your resume to Mr. Blunt.

13. It is difficult for employees both to work and (studying, to study).

14. He will attend the information session (as well as, but) the training session.

15. You should place an order on (or, when, either) before the 5th of the month.

[뼈대바르기 연습 Review]

and 뒤에 단어와 병렬구조인 어휘를 선행절에서 찾아 표시하세요.

1. In December, all employees will meet with their supervisors to review their progress and set goals for the next year.

해석]

2. Approximately half of the assistant's work involves administrative tasks such as answering phone and preparing financial reports.

해석]

3. I will still come here and visit you often.

해석]

4. Stop by any IKE Home Furnishings retail location and save 30 percent on hundreds of selected items.

해석]

5. We are expanding into a corporate-travel sector and seeking consultants to support our clients in Dublin.

해석]

6. All of our services have been made available to you in Portuguese, Spanish, and English.

해석]

7. When he takes a new position on June 1, he will lead the account, finance, and investor-relation divisions and report to the board of directors.

해석]

8. KML Airlines announced that all flights in and out of Singapore were cancelled due to inclement weather.

해석]

9. Our program is developed to help mid-level managers to perform their duties and be prepared in their careers as top-level executives and leaders.

해석]

10. By appealing to the audience's interest and providing logical foundation, you can give more persuasive presentations and achieve the intended result.

해석]

11. Please take a ticket and proceed to the service counter after your number has been called.

해석]

12. Please review these policy changes, sign in the space provided below, and then return this form to your supervisor.

해석]

13. Our security program monitors how and where your credit card is being used in order to detect abnormal patterns.

해석]

14. We delegate responsibilities to local management teams to define and meet specific goals.

해석]

15. The gallery is holding a major exhibition of both new and familiar works of Warhol.

해석]

16. AMP Corporation will either merge or form a strategic partnership with Royal Co.

해석]

17. Neither president nor his secretary will be able to attend the Monday meeting.

해석]

18. It is difficult for employees both to work and to study.

해석]

19. He will attend the information session as well as the training session.

해석]

20. You should place an order on or before the 5th of the month.

해석]

[뼈대바르기 연습 Preview]

1. That she passed the exam is good news.
해석]

2. I know that you are busy.
해석]

3. The reason is that he is busy.
해석]

4. I have doubt as to whether they will succeed.
해석]

5. I know how busy you are.
해석]

6. I know what color you like.
해석]

7. I know how to do it
해석]

8. I know what to do.
해석]

# Unit5-2 명사절 접속사

1. 명사절 자리

[명사절 접속사 + S + V] = 명사

명사절 접속사가 이끄는 명사절은 명사와 똑 같은 역할을 한다. 문장에서 명사가 들어가는 자리, 즉 주어/목적어/보어/전치사 뒤에 명사절이 쓰일 수 있다. 덩어리로 묶어서 명사처럼 보는 연습만 한다면 명사절은 그리 어렵지 않다.

1) 주어 (S)

(That she passed the exam) is good news.
　　　　　　S　　　　　　　V　　C
　　　　그녀가 시험에 합격했다는 것은 좋은 소식이다

2) 목적어 (O)

I don't know (whether he is coming).
S　　V　　　　　　O
　　　　　　　　　　그가 올지 안 올지를 나는 모르겠다

○ 가장 많이 나오는 유형! 동사 뒤에 접속사 고르는 문제가 나오면 명사절접속사!

3) 보어 (C)

The reason is (that he is busy).
　　S　　V　　　C
　　　　　　　그 이유는 그가 바쁘다는 것 입니다

○ 명사절 보어는 명사보어이므로 주어와 동격의 관계.

4) 전치사 뒤 (전치사의 목적어)

I need information on (how I can get there).
S V　　　O　　　전치사 + 명사절
　　　　　　　나는 거기에 어떻게 가는지에 대한 정보를 필요로 합니다

○ that, if는 전치사 뒤에는 올 수 없다.

2. 명사절 접속사의 종류

> **that, if, whether, 의문사 / what**

1) that (주어 / 목적어 / 보어역할) - 전치사 뒤에는 올 수 없음

> **I know (that) you are busy.**   나는 네가 바쁘다는 것을 안다

◐ 목적어 자리에 나오는 명사절 접속사 that은 항상 생략 가능

2) if, whether

> **I asked (if he will have time).**   나는 그가 시간이 있는지를 물어봤다

◐ if명사절은 whether보다 쓰임이 훨씬 제한적이다. 동사 뒤 목적어 자리에만 나온다. (주어, 보어, 전치사 뒤에는 올 수 없음. 그래서 자주 출제되지 않음)

> **(Whether they win or lose) doesn't really matter.**
> 그들이 이길지 질지는 별로 중요하지 않다
> **I have doubt as to (whether they win or not).**
> 나는 그들이 이길지 안 이길지에 관해서 의구심을 가지고 있다

◐ whether가 이끄는 명사절은 주어/목적어/보어/전치사 뒤 모두 나올 수 있다. whether가 전치사 뒤에 나올 때 특히 as to와 짝꿍으로 잘 나온다. as to는 "~에 관해서".

> ☺ whether 명사절의 2가지 형태
>
> Whether가 이끄는 명사절은 크게 2가지 형태
>
> > **[Whether A or B] Whether we win or lose** 우리가 이길지 질지
>
> > **[Whether A or not] Whether we win or not** 우리가 이길지 아닐지
>
> 이때 or not은 생략할 수도 있고, 강조하기 위해서는 whether 바로 뒤에 나올 수도 있다.
> ⇒ whether they win or not / whether or not they win / whether they win

3) 의문사 (what, who, where, when, how, why, which)

① how, where, when, why + 완전절

I know (how I should do it).
　　　　　　　완전절　　　　　　나는 내가 어떻게 그것을 해야 하는지를 안다

ⓑ how는 형용사/부사를 수식하기도 한다

I know (how busy you are).
　　　　　　　　　　　　　　나는 네가 얼마나 바쁜지 안다

◯ 영어에서 수식하는 단어와 수식 받는 단어는 항상 붙어있어야 한다. 뒤에 위치해야 할 형용사, 부사가 how의 수식을 받기 위해 주어 앞으로 이동한다.

I know _____ busy you are [busy].

원래 어순은 'you are busy'. 형용사(busy)가 접속사(how)의 수식을 받기 위해서 앞으로 끌려 나온 형태. 이렇게 변화된 어순이 가장 큰 단서! 빈칸에 how를 골라오자!

② what, who + 불완전절 (명사가 하나 빠져있는 절)

목적어가 빠진 불완전한 절

I know (what I should do).　　나는 내가 **무엇을** 해야 하는지를 안다

◯ what은 명사를 대신하므로 what뒤에는 명사가 빠진 불완전한 절이 온다. do 뒤에 목적어가 빠져있으므로 여기서 what은 목적어처럼 해석한다 ⇒ "**무엇을**"

주어가 빠진 불완전한 절

I know (what should be done).　　나는 **무엇이** 행해져야 하는지를 안다

◯ what 뒤에는 주어가 빠져있으므로 what은 주어처럼 해석한다 ⇒ "**무엇이**"

目적어가 빠진 불완전한 절

I know (who you met).   나는 네가 누구를 만났는지를 안다

○ who도 역시 명사를 대신하므로 who뒤에는 명사가 빠진 불완전한 절이 온다. met 뒤에 목적어가 빠져있으므로 여기서 who는 목적어처럼 해석 ⇒ "**누구를**"

주어가 빠진 불완전한 절

I know (who is coming).   나는 누가 오는지를 안다

○ who 뒤에는 주어가 빠져있으므로 who는 주어처럼 해석한다 ⇒ "**누가**"

ⓑ what은 명사를 수식하기도 한다

I know (what color you like).   나는 네가 무슨 색깔을 좋아하는지 안다
　　　　　　형용사　 O　 S　 V

○ how가 형용사/부사를 대신하기도 하지만 형용사/부사를 수식할 수도 있듯이, what도 명사를 대신하는 기능과 명사를 수식하는 기능을 함께 가진다. 수식하는 단어(what)와 수식 받는 단어(color)는 역시 붙어 다녀야 한다. like 뒤에서 목적어 역할을 하는 color가 what하고 붙어 있기 위해 주어 앞으로 이동한다.

I know _____ color you like color .

원래 어순은 'you like color'. 목적어(color)가 접속사(what)의 수식을 받기 위해서 앞으로 끌려 나온 형태. 변화된 어순이 가장 큰 단서! 빈칸에 what을 골라오자!

😊 의문사 which는 항상 명사를 수식 - 다음 강의에 배울 내용

I know (which color you like).   나는 네가 무슨 색깔을 좋아하는지 안다
　　　　　　형용사　 O　 S　 V

which는 what하고 흡사한 의문사. 그러나 what처럼 명사를 대신하지는 않고 항상 명사를 꾸며주는 역할을 한다.
(I know what color you like와 같은 구조)
ex. which one do you like better? / Which bag is yours? Part2에 가끔 나오는 이런 의문문들에서 볼 수 있듯이 which는 명사를 꾸며주는 역할.

[Unit 5] 접속사 **179**

 명사절 축약형 (의문사, whether + to do)

부사절을 줄여서 부사절 축약형을 만들듯이 명사절도 줄여 쓰는 형태가 존재한다. that, if는 축약형이 불가능하고, 의문사와 whether의 경우는 뒤에 to부정사를 붙여서 축약형을 만든다.

> I know how I should do it.
> ⇨ **I know how to do it.**　　　나는 그것을 어떻게 해야 하는지 안다
> I know what I should do.
> ⇨ **I know what to do.**　　　나는 무엇을 해야 하는지 안다
> Tell me which class I should take.
> ⇨ **Tell me which class to take.**　　　내가 어떤 수업을 들어야 할지 알려줘
> I have to decide whether I will go or not.
> ⇨ **I have to decide whether to go or not.**　갈지 안 갈지 결정해야 한다

ex. where to go "어디를 갈지" when to start "언제 시작할지" which books to read "어떤 책을 읽을 지" whether to hire him "그를 고용할지 말지"

😊 문제풀이 전략

명사절 접속사 중에서 **what, who**만 유일하게 불완전한 절을 수반한다. 명사절 접속사 문제에서 보기 중에 **what, who**가 등장하면 해석에 의존하기 전에 일단 접속사 자리 뒤에 불완전한 절이 왔는지를 확인하자.

> **what, who +** 불완전절 (명사가 하나 빠져있음)
> **how, when, where, why, that, if, whether +** 완전절

⭕ what이 명사를 수식하는 경우는 예외. 이때는 what 뒤에 완전한 절이 오지만, 목적어가 앞으로 끌려 나오는 어순의 변화가 단서가 된다. [what + n. + S + V]

[확인학습]

1. I didn't understand (what / that) he wanted from me.

2. She can't decide (if / whether) to marry him.

3. (That / what) the meeting was scheduled for Saturday is disappointing.

4. We will find out soon (whether / who) the new business is profitable.

5. We would like to know (why / when) the test results will be ready.

6. He asked her (that / if / what) kind of music she likes.
7. You will learn (what / who / how) to use our product.
8. Please let me know (how / when / what) long it takes to finish the report.
9. The CEO has to make a decision about (whether / if) he will approve the project.
10. I am wondering (when / where) you will travel this summer.
11. I have not decided (which / how) candidate I will interview.
12. He has not yet decided whether (to go / going) on a vacation this summer.
13. Clients understand (that / who) they should contact the service department.
14. The organizers have not decided (who / what / where) they will hold the next annual meeting.
15. The conference organizer wants to know (who / when / which) will attend the conference.
16. I ask that you let us know (if / whether / what) or not you will come tomorrow.
17. (After / Since / That) he has been promoted is proof of his outstanding ability.
18. Ms. Chang must decide (whether / neither) or not to submit the proposal.

명사절 접속사 Summary (동사 뒤 명사절 접속사 자리)

(명사절 접속사 + S + V) = 명사와 동일한 기능 (S / V / O 자리 / 전치사 뒤)

that (전치사 뒤X) "~것"	+ 완전절	[S] That she passed the exam is good news.
		[O] I know (that) you are busy. – 생략가능
		[C] The reason is that he is busy.
if (동사 뒤에만) whether "~인지 아닌지"		I asked if he will have time.
		Whether they win or lose doesn't really matter.
		I have doubt as to whether they will succeed.
		I know how I should do it.
how / when / why / where "어떻게, 언제, 왜, 어디서"	how + 형/부사	I know how busy you are.
what / who "무엇이/무엇을, 누가/누구를"	+ 불완전절	I know what I should do.
		I know who is coming.
	what/which+명사	I know what color you like.
		I know which class I should take.
명사절 축약형 (whether / 의문사)		I know how to do it. / I know what to do. / Tell me which class to take. / I have to decide whether to go or not.

[뼈대바르기 연습 Review]

1. I didn't understand what he wanted from me.
해석]

2. She can't decide whether to marry him.
해석]

3. That the meeting was scheduled for Saturday is disappointing.
해석]

4. We will find out soon whether the new business is profitable.
해석]

5. We would like to know when the test results will be ready.
해석]

6. He asked her what kind of music she likes.
해석]

7. You will learn how to use our product.
해석]

8. Please let me know how long it takes to finish the report.
해석]

9. The CEO has to make a decision about whether he will approve the project.
해석]

10. I am wondering where you will travel this summer.
해석]

11. I have not decided which candidate I will interview.
해석]

12. He has not yet decided whether to go on a vacation this summer.
해석]

13. Clients understand that they should contact the service department.
해석]

14. The organizers have not decided where they will hold the next annual meeting.
해석]

15. The conference organizer wants to know who will attend the conference.
해석]

16. I ask that you let us know whether or not you will come tomorrow.
해석]

17. That he has been promoted is proof of his outstanding ability.
해석]

18. Ms. Chang must decide whether or not to submit the proposal to the South American bureau.
해석]

19. A representative of DeLain Technology will help you determine which options to order to meet your needs.
해석]

20. Visitors are invited to tour the Landswold Glassware factory to see how our products are made.
해석]

21. The employee handbook explains what new employees need to know regarding company benefits.
해석]

22. Thursday and Friday are best for me, but I don't know what anyone else's schedule is like.
해석]

23. I am trying to determine who will be using the shuttle to make sure we will have enough seats.
해석]

[기본 문장 영작연습]

1. 그녀가 시험에 합격했다는 것은 좋은 소식이다.
영작]

2. 나는 네가 바쁘다는 것을 안다.
영작]

3. 그 이유는 그가 바쁘다는 것 입니다.
영작]

4. 그들이 이길지 질지는 별로 중요하지 않다.
영작]

5. 나는 그들이 성공할지 아닐지에 관해서 의구심을 가지고 있다.
영작]

6. 나는 내가 어떻게 그것을 해야 하는지를 안다.
영작]

7. 나는 네가 얼마나 바쁜지 안다.
영작]

8. 나는 내가 무엇을 해야 하는지를 안다.
영작]

9. 나는 누가 오는 지를 안다.
영작]

10. 나는 네가 무슨 색깔을 좋아하는 지 안다.
영작]

11. 나는 내가 무엇을 해야 하는지를 안다. / 나는 내가 어떻게 그것을 해야 하는 지를 안다. (명사절 축약형)
영작]

[뼈대바르기 연습 Preview]

1. As soon as he got the phone call, he went home.
해석]

2. Once you learn the basic rules, it's easy to play.
해석]

3. Now that the factory was expanded, we will hire more workers.
해석]

4. I'm going early so that I can get a good seat.
해석]

5. Although the two models have different features, they look identical.
해석]

Unit5-3 부사절 접속사

1. 부사절 자리

동사나 형용사, 부사 등을 수식하는 부사와는 달리, 부사구나 부사절은 누구를 수식하는 것이 아니라 주절과 상관없이 독립적으로 부가적으로 쓰이는 구와 절이다. 그러나 위치는 부사처럼 문두나, 문미 혹은 동사 앞에 쓰인다.

1) 문두

After I finished work, I met him.

Recently, I met him. 부사절의 위치는 부사의 위치와 동일

○ 시험에서 가장 많이 출제되는 구조. 주절보다 앞에 나올 때는 **부사절 뒤에 콤마(,)** 가 있기 때문에 알아보기 쉽다.

2) 문미

I met him after I finished work.

I met him recently.

○ 주절 뒤에 나오는 경우는 접속사가 두 개의 절을 잘 분리해주기 때문에 일반적으로 콤마(,)가 붙지 않는다.

3) 동사 앞

I, after I finished work, met him.
나는 일 끝내고 나서 친구를 만났다

I recently met him.

○ 주어와 동사 사이에 삽입될 때는 알아 보기 쉽게 앞 뒤로 콤마(,)가 붙는다.

매달 출제되는 부사절 접속사 자리

> _____ S + V, S + V.

빈칸 자리에 들어갈 수 있는 건 부사절 접속사뿐이다. 보기 중에 부사절 접속사가 하나밖에 없다면, 해석도 해볼 필요 없이 정답으로 골라오면 되는 3초짜리 문제! 보기 중에 부사절 접속사가 두 개 이상일 경우는 해석해봐서 의미상 자연스러운 접속사를 골라내야 한다.

부사절 접속사의 형태변화

부사절의 형태변화는 앞서 준동사 파트에서 이미 다뤘다. 부사절은 3단계 형태변화가 가능하다.

> 부사절 → 부사절 축약형 → 부사구

부사절

> **After I finished work**, **I met him.**   나는 일을 끝내고 나서 그를 만났다

부사절 축약형

> **After finishing work**, **I met him.**   일을 끝내고 나서 나는 그를 만났다

부사구

> **Finishing work**, **I met him.**   일을 끝내면서 나는 그를 만났다

2. 부사절 접속사의 종류

1) 시간부사절 접속사

when = at the time	~때	
after	~한 후에	
before	~하기 전에	
until	~할 때까지	
since ①	~한 이래로	He has worked since he left school. 그는 학교를 떠난 이래로 계속 일해왔다
while	~하는 동안	I fell asleep while I was reading. 책 읽는 동안 잠들었다
as soon as	~하자 마자	As soon as he got the phone call, he went home. 그는 전화를 받자 마자, 집에 갔다

① since는 항상 _____ 시제와 쓰인다

2) 조건 부사절 접속사

if	만약 ~ 라면	
unless ①	만약 ~하지 않으면	
in case (that) ②	~를 대비해서	In case it rains, take an umbrella. 비가 올 때를 대비해서 우산 가지고 가세요
as long as = as far as	~하는 한	As long as it doesn't rain, we can play. 비가 오지 않는 한 우리는 경기를 할 수 있다
provided (that)	만약 ~라면 = if	Provided all your tasks are done, you may go home. 만약 너의 작업이 모두 끝났다면, 너는 집에 가도 좋다
once	일단 ~나면	Once you learn the basic rules, it's easy to play. 일단 기본 규칙을 배우고 나면, 플레이 하기가 쉽다
given that	~을 고려해보면	Given that she is interested in children, teaching is a perfect job for her. 그녀가 아이들에게 관심이 많다는 것을 고려해볼 때, 가르치는 것은 그녀에게 딱 맞는 직업이다
only if	~하는 경우에만	Purchases can be returned only if they are accompanied by a receipt. 구매한 물건은 영수증에 의해 동반되는 경우에만 반품 될 수 있다

① unless는 _____과 함께 쓸 수 없다. unless it is not true (X).

② in case는 오답전문. if가 필요한 자리에 들어올 수 없다. (In case it rains vs. If it rains)
in case of n. 는 전치사로써 "~하는 경우에는" 으로 해석. 접속사와 전치사가 뜻이 다르므로 주의!

3) 이유 부사절

because, since, as	~하기 때문에	
now that ①	~하니까 이제는	Now that the factory was expanded, we will hire more workers. 공장이 확장되었기 때문에, 우리는 더 많은 직원을 고용할 것이다

① "~때문에" 로 해석해도 전혀 무방하다

4) 목적, 결과

so that ①	~하기 위해서	I'm going early so that I can get a good seat. 나는 일찍 간다. 좋은 자리를 차지하기 위해서
in order that ②	~하기 위해서	In order that the deadline can be met, we have to hurry. 마감시한이 충족되기 위해서, 우리는 서둘러야 한다
so + 형. 부사 + that	너무 ~하다. 그래서	It is so dark that I can't see you. 너무 어둡다. 그래서 너를 볼 수가 없다
such + n. + that ③	너무 ~하다. 그래서	It is such a dark night that I can't see you. 너무 어두운 밤이다. 그래서 너를 볼 수가 없다

① so that은 항상 _____ 뒤에 위치. So that I can get a good seat, I'm going early. (X)

② 이때 that은 절대로 _____. 구를 쓸 때는 [in order to do~]와 같이 to부정사를 수반하고 절이 올 때는 반드시 that이 있어야 한다.

③ such 뒤에 오는 명사가 가산 명사라서 관사가 나올 때 such 는 관사에 선행한다. such a dark night / 불가산명사 인 경우는 관사 없이 such valuable information

5) 양보 부사절 접속사

접속사	의미	예문
although, though	~임에도 불구하고	Although the two models have different features, they look identical. 두 모델은 다른 특징을 가지고 있음에도 불구하고, 둘은 똑같아 보인다
even if ①	설사 ~일 지라도	It is a good idea to use a sunscreen even if you are wearing a hat. 네가 설사 모자를 쓰고 있다고 하더라도, 선크림을 바르는 것은 좋은 생각이다
whereas, while	~인 반면에	He earns $10,000 whereas she gets at least $20,000. 그는 만불을 번다. 그녀가 최소 이만불을 버는 반면에
while ②	~임에도 불구하고	While I admit there are problems, I don't think they can't be solved. 문제가 있음을 인정함에도 불구하고, 나는 그들이 해결될 수 없다고 생각하지 않는다
whether A or B / whether or not ③	A건 B건 상관없이 / ~건 아니건 상관없이	Whether you like it or not, you have to do it. 네가 그것을 좋아하건 아니건 상관없이 너는 그것을 해야 한다.

① 없는 사실을 가정할 때 사용.

② 하나의 접속사가 여러 가지 의미를 가지는 경우도 많다. while은 3가지 뜻을 가진다.
1) 동안에, 2) 반면에, 3) ~에도 불구하고.

③ 명사절과는 달리 부사절 접속사로 whether가 쓰일 때는 _____ 를 생략할 수 없다.
[_____ S+V, S+V.]의 구조로 문제가 나올 경우, 부사절에 or가 없으면 쉽게 정답에서 소거해줄 수 있다.

3. 전치사 vs. 접속사

접속사	의미	전치사
접 + 절 / ing / p.p / 형 / 전명구		전 + 명사 / ing (명사구) / 명사절
While	동안에	during
Although, Though	불구하고	despite, in spite of (주의) despite of (X)
Because, Since, As	때문에	because of, due to, owing to, thanks to
Except that (that 생략 불가)	제외하고	except, except for

◐ since는 "~이래로" 의미일 때 전치사/접속사로 모두 사용되지만, "~때문에" 일 때는 접속사로만 사용된다.

4. 접속부사

접속부사는 부사다. 접속사가 아니다. 절과 절을 연결할 수 없다. 다만 문장 제일 앞에 쓰여서 앞 문장과 뒷문장을 의미상 연결시켜주기 때문에 접속부사라고 부른다. 접속사 자리에 접속부사를 골라 오지 않도록 주의한다.

> It is good. **However**, it is expensive.
> It is good**; however**, it is expensive.   ⇒ 세미클론(;)이 접속사의 역할
> It was good, **and therefore**, I bought it.   ⇒ and가 세미클론의 역할

접속부사의 종류	
However	그러나
Therefore, Thus	그러므로
Nevertheless	그럼에도 불구하고
Moreover, Furthermore, Besides	더욱이, 게다가
Otherwise	그렇지 않다면
Then	그리고 나서
Meanwhile	한편

✗   It is good, __however__ it is expensive.   ⇒ 접속사 자리

○   It is good, __but__ it is expensive.

✗   __Nevertheless__ it is expensive, it is good.   ⇒ 부사절 접속사 자리

○   __Although__ it is expensive, it is good.

> **I hope the weather improves. Otherwise, we will cancel the picnic.**
> 날씨가 좋아졌으면 좋겠다. 그렇지 않다면 (날씨가 좋아지지 않는다면) 우리는 피크닉을 취소할 것이다.
>
> **We had a break and then went back to work.**
> 우리는 휴식을 가졌다. 그리고 나서 다시 일하러 갔다.

부사절 접속사 Summary

(부/접 S + V), S + V. / S + V (부/접 S + V)

1. 시간	when, after, before, until, since while, as soon as	I fell asleep while I was reading.
2. 조건	if, unless, in case, as long as, provided, once, given that, only if	In case it rains, take an umbrella.
3. 이유	because, since, as, now that	Now that the factory was expanded, we will hire more workers.
4. 목적/결과	so that, in order that	I'm going early so that I can get a good seat.
	so + 형부사 + that~, such + n. + that ~	It is so dark that I can't see you.
5. 양보	although, though, even if, whereas, while, whether A or B, whether ~ or not	Although they have different features, they look identical.

접속사 vs. 전치사

접속사	vs.	전치사
While	동안에	during
Although, though	불구하고	despite, in spite of
Because, since, as	때문에	because of, due to, owing to, thanks to
Except that (that 은 생략 불가)	제외하고	except, except for

접속부사 (접속사 아니고 부사)

However / therefore, thus / nevertheless / moreover, furthermore, besides / otherwise / then / meanwhile

확인학습

1. (Unless / Except / Nevertheless / Despite) we work harder, we won't meet the deadline.
2. (As / Because of / Except) the board meeting will begin promptly at 4:00, all executives are required to arrive at 3:30.
3. Please use the online order form (once / so that / although / however) the order can be processed more quickly.
4. If not frequently (check / checks / checking / checked), the copy machine tends to be broken easily.
5. Mr. Burton left an emergency contact number (when / in case / in order that) the manager needs to talk to him.

6. When (mails / mailing / mailed / mail) the payment, be sure to use the envelope provided.

7. (Because / Since / Because of / Even) her interest in political science, Ms. Epstein is seeking an administrative position in the local government.

8. Customers can use checks (besides / in case of / as long as) they show valid identification.

9. In the movie, Linda played the main role so convincingly (as / such / that / when) everyone in the theater was impressed.

10. The existing system was fairly complicated, (during / however / despite / whereas) the newly introduced system is really very simple.

11. (While / Even though / Because of) traveling in Mexico, I met one of my business associates, Tim Howard.

12. (Despite / Although) all the efforts, they were not able to increase profits this year.

13. The children were (very / so / such) excited that they couldn't sleep.

14. The food was wonderful, but it was (so / such) expensive.

15. She told us (so / such) funny jokes that everyone laughed.

16. (During / Although / Before / Despite) he is young, Mr. Artson is one of the candidates for the manager position.

17. He violated the rule; (but / however / therefore), the management decided not to fire him.

[뼈대바르기 연습 Review]

1. Unless we work harder, we won't meet the deadline.

해석]

2. As the board meeting will begin promptly at 4:00, all executives are required to arrive at 3:30.

해석]

3. Please use the online order form so that the order can be processed more quickly.

해석]

4. If not frequently checked, the copy machine tends to be broken easily.

해석]

5. Mr. Burton left an emergency contact number in case the manager needs to talk to him.

해석]

6. When mailing the payment, be sure to use the envelope provided.

해석]

7. Because of her interest in political science, Ms. Epstein is seeking an administrative position in the local government.

해석]

8. Customers can use checks as long as they show valid identification.

해석]

9. In the movie, Linda played the main role so convincingly that everyone in the theater was impressed.

해석]

10. The existing system was fairly complicated, whereas the newly introduced system is really very simple.

해석]

11. While traveling in Mexico, I met one of my business associates, Tim Howard.

해석]

12. Despite all the efforts, they were not able to increase profits this year.

해석]

13. The children were so excited that they couldn't sleep.

해석]

14. She told such funny jokes that everyone laughed.

해석]

15. He violated the rule; however, the management decided not to fire him.

해석]

16. Although he is young, Mr. Artson is one of the candidates for the manager position.
해석]

17. Visitors should carry their visitor pass at all times, while in our manufacturing facilities.
해석]

18. Please be sure to include your order number so that we can process it promptly and efficiently.
해석]

19. When the seminar finishes, the participants will be able to discuss the issue with each other.
해석]

20. Even though Adrian Copy Machine is easy to operate and reasonably priced, it needs to be maintained regularly.
해석]

21. Since we do not have much space, we would like to place the bookshelf on top of the desk.
해석]

22. Nixnox Enterprise still remains the leader in the US even though its sales dropped considerably this year.
해석]

23. The stock price of Meridian Inc. rose almost six percent, once speculation about a merger with Stefan Enterprise, a leading company in the field, appeared in a financial journal.
해석]

24. A travel agent is unlikely to make any final decisions before consulting with customers.
해석]

[기본 문장 영작연습]

각각의 뜻에 맞는 접속사/전치사/접속부사를 써보세요.

1. 시간접속사
~때 / ~한 후에 / ~하기 전에 / ~할 때까지 / ~한 이래로 / ~하는 동안 / ~하자 마자

접속사]

2. 조건 접속사 : 만약 ~라면 / 만약 ~하지 않으면 / ~를 대비해서 / ~하는 한 / 만약 ~라면 =if / 일단 ~나면 / ~을 고려해보면 / ~하는 경우에만

접속사]

3. 이유 접속사 : ~하기 때문에 (3개) / ~하니까 이제는

접속사]

4. 목적 / 결과 : ~하기 위해서 (2개) / 너무 ~하다, 그래서 1) 형용사/부사 앞 2) 명사앞

접속사]

5. 양보 접속사 : ~임에도 불구하고 (2개) / 설사 ~일 지라도 / ~인 반면에 (2개) / ~임에도 불구하고 / A건 B건 상관없이, ~건 아니건 상관없이

접속사]

6. 전치사 : 동안에 / 불구하고 (2개) / 때문에 (4개) / 제외하고 (2개)

전치사]

7. 접속부사 : 그러나 / 그러므로 / 그럼에도 불구하고 / 더욱이, 게다가 (3개) / 그렇지 않다면 / 그리고 나서 / 한편

접속부사]

[뼈대바르기 연습 Preview]

1. I read a book that is interesting.
해석]

2. I read a book that you recommended.
해석]

3. I met a girl whose hair was black.
해석]

4. This is a house which I live in.
해석]

5. This is a house in which I live.
해석]

6. This is a house where I live.
해석]

# 관계대명사

관계대명사와 관계부사를 합쳐서 관계사라고 부르며, 관계사가 연결하는 절은 형용사절로써 뒤에서 앞에 있는 명사를 수식해준다. 이번 장에서 기본 문장 6개를 배울 텐데, 이 기본 문장이 가장 중요한 관계사절이다. 반드시 외워두자.

> n. (관계사 + S + V) : I read a book (that was interesting).

◐ 형용사구와 마찬가지로 뒤에서 앞에 있는 명사를 수식하므로, 기본적으로는 뒤에서부터 관계사절을 먼저 해석해서 앞으로 끌어온다.

 **관계대명사의 정의**

> 관계대명사 = 접속사 + 대명사

"관계 / 대명사"라는 이름에서도 알 수 있듯이, "관계"는 절과 절을 연결하는 접속사 역할을 의미하고 이와 동시에 관계대명사는 "대명사"의 역할도 함을 알 수 있다. 관계대명사절이 어떻게 만들어지는 지 일단 살펴보자.

> **I read a book, and the book was interesting.**
> 내가 책을 읽었는데 그 책이 재미있었습니다

모든 언어와 마찬가지로 영어도 동일한 단어를 반복하는 것을 좋아하지 않는다. 우리말은 중복을 피하기 위해 그냥 생략해버리지만 영어는 생략할 때 엄격한 규칙이 존재하기 때문에 생략이 쉽지 않다. 등위접속사 and가 있는 경우에는, 앞에 절의 주어와 뒷 절의 주어가 동일할 때만 생략이 가능하다. 그런데 위의 문장은 앞 절의 목적어와 뒷 절의 주어가 동일하기 때문에 생략할 수 없다. 이렇게 생략이 쉽지 않기 때문에 영어에서는 대명사가 엄청 발달한다.

> **I read a book, and the book was interesting.**
> 　　　　　　 접속사 + 대명사 = 관계대명사

book을 대명사로 바꿔주려고 보니 앞에 접속사가 있다. 접속사와 대명사를 하나로 합쳐주면 문장이 더 짧아져서 효율이 높아질 것이다. 이렇게 접속사와 대명사를 하나로 합쳐준 것, 그것이 관계대명사다. 관계대명사는 접속사와 대명사의 기능을 합친 것이다.

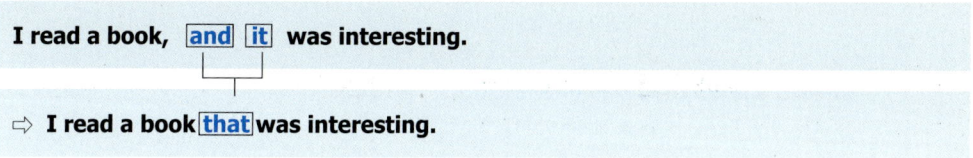

이렇게 만들어진 것이 관계대명사절이나. 관계대명사절을 분석하면서 특징을 살펴보자.

 특징

1) 기본구조 (주격, 목적격)

```
n. ┌─ who ─┐  불완전절
   │  which │
   └─ that ─┘
```

① 선행사

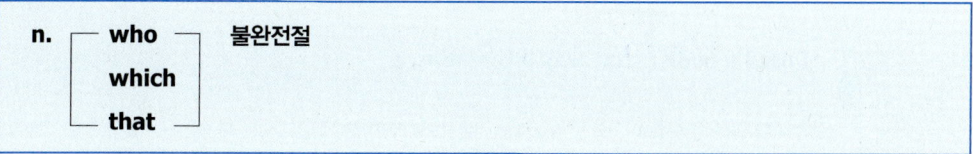

관계대명사절은 형용사절이다. 앞에 있는 명사를 꾸며주는 절이다. 그러므로 관계대명사 앞에는 반드시 명사가 있어야 한다. 이 명사를 관계대명사 보다 앞에 나온다 하여 '**선행사**'라고 부른다. .

② 불완전절

I read a book that was interesting.
            주어가 빠진 불완전절

관계대명사는 접속사 역할과 동시에 대명사 역할을 한다고 했다. 관계대명사(that) 뒤에 나올 명사를 대신하고 있다. 그러므로 뒤에는 명사가 하나 빠진 **불완전한 절**이 온다. 이때 주어가 빠져있으면 '주격관계대명사절', 목적어가 빠져있으면 '목적격관계대명사절'이라고 부른다.

 모든 관계대명사 문제는 위의 두 가지 특징 ①선행사, ②불완전절을 확인하는 것으로 시작한다. 두 가지 조건이 성립되면 관계대명사를 골라오면 된다. 선행사가 사람이면 who, 사물이면 which, that은 사람,사물에 모두 쓰일 수 있다.

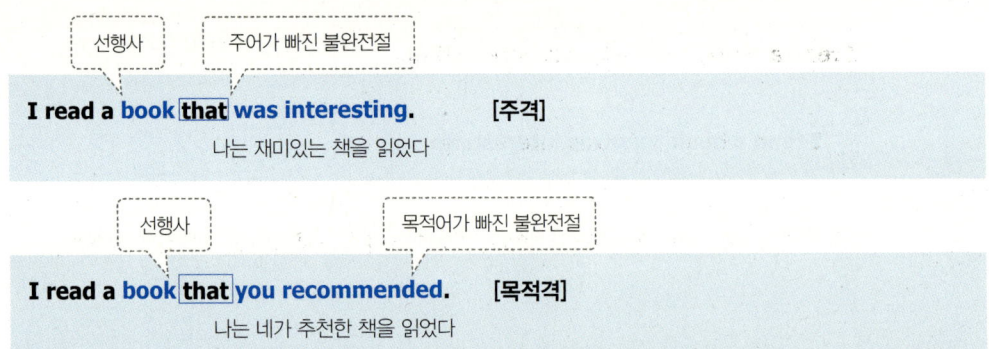

관계대명사절의 해석

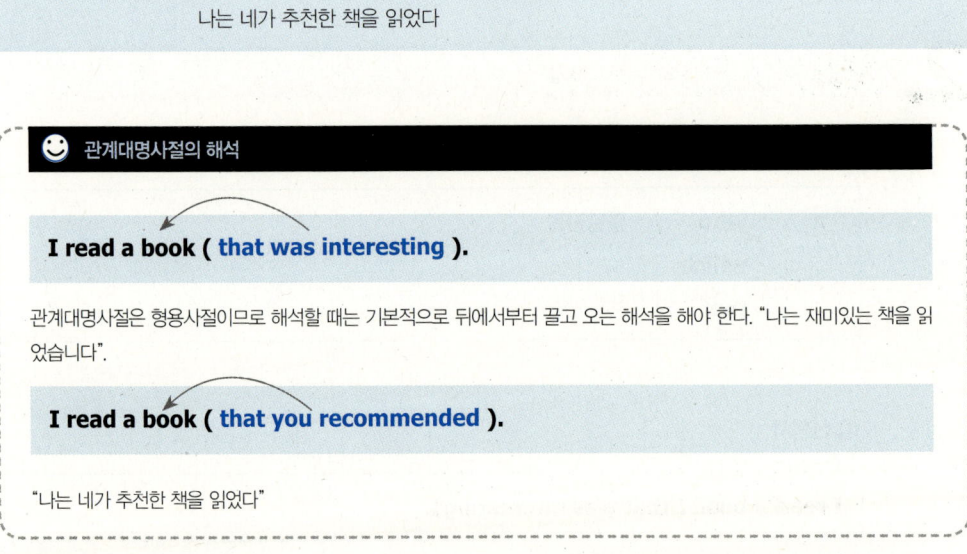

관계대명사절은 형용사절이므로 해석할 때는 기본적으로 뒤에서부터 끌고 오는 해석을 해야 한다. "나는 재미있는 책을 읽었습니다".

"나는 네가 추천한 책을 읽었다"

관계대명사 뒤에 빠진 명사 = 선행사

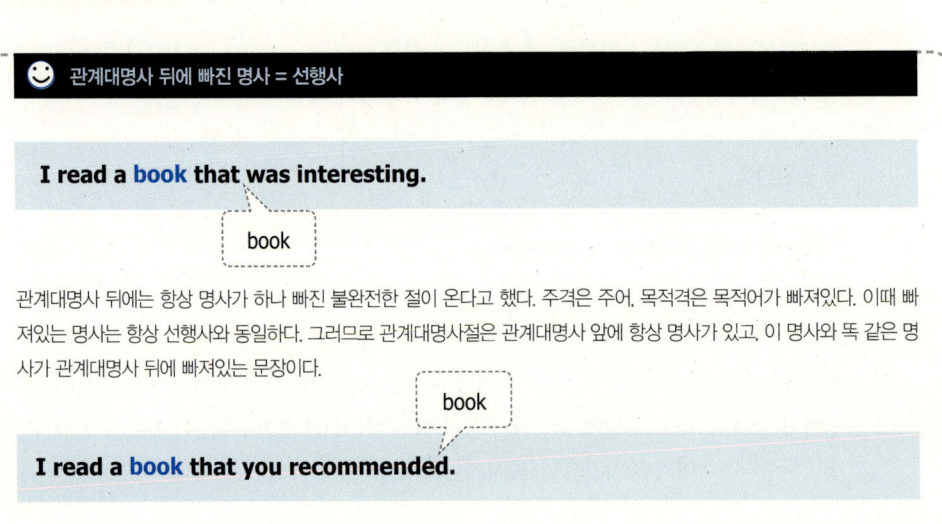

관계대명사 뒤에는 항상 명사가 하나 빠진 불완전한 절이 온다고 했다. 주격은 주어, 목적격은 목적어가 빠져있다. 이때 빠져있는 명사는 항상 선행사와 동일하다. 그러므로 관계대명사절은 관계대명사 앞에 항상 명사가 있고, 이 명사와 똑 같은 명사가 관계대명사 뒤에 빠져있는 문장이다.

빠진 명사 = 선행사 = 관계대명사

I read a book that was interesting.

관계대명사는 뒤에 빠진 명사를 대신하는 역할이다. 그러므로 관계대명사=빠진명사. 그런데 빠진 명사는 항상 선행사와 일치한다고 했다. 그러므로 '관계대명사=빠진명사=선행사'. 이런 등식이 성립한다.

게다가 목적격을 제외한 앞으로 배울 모든 관계대명사절은 빠진명사자리와 관계대명사의 위치가 일치한다. 문장이 복잡해져서 뒤에서 끌고 오는 해석이 어려울 경우, 2개의 문장으로 분리해서 순차적으로 해석을 해주면 훨씬 수월해지는데, 이때 선행사를 관계대명사 자리에 넣고 해석해주면 된다.

I read a book that was interesting.

I read a book / a book was interesting.
⇨ 나는 책을 읽었다. 그 책은 재미있었다.

ⓑ 목적격은 예외

목적격은 빠진명사자리와 관계대명사 위치가 일치하지 않는다. 그러므로 이때만 선행사를 저 뒤에 목적어 자리에 넣고 2개 문장으로 분리한다.

I read a book that you recommended.

I read a book / you recommended a book.
⇨ 나는 책을 읽었다. 네가 그 책을 추천했다.

2) 예외구조

앞서 정리한 기본구조에서 끝난다면, 관계사를 어렵다고 할 사람은 없을 게다. 기본구조에서 벗어나는 예외구조까지 정리해보자.

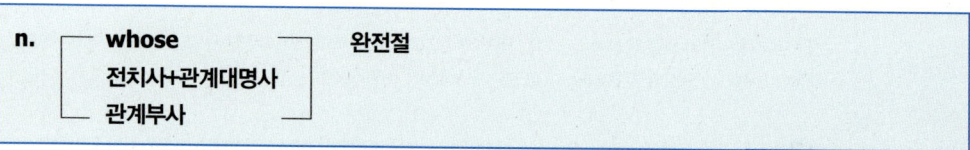

앞에 명사는 있는데 빈칸 뒤에 빠진 명사가 없는 완전한 절이 나왔다면 whose, 전치사+관계대명사, 관계부사 3가지 중 하나를 골라오면 된다. 하나씩 자세히 살펴보자.

① 소유격

I met a girl and the girl's hair was black.

하나의 문장 안에 2개의 절과 1개의 접속사(and)가 나왔으니 구조적으로는 완벽하다. 그런데 동일한 명사가 중복 사용되었다. 중복을 피하려고 대명사를 쓰려고 보니 앞에 접속사(and)가 있다. 접속사와 대명사를 하나로 합쳐주려면? 관계대명사를 쓰면 된다! 그런데 이번에는 소유격 대명사(girl's)를 대신해야 하므로 관계대명사도 소유격을 써줘야 한다.

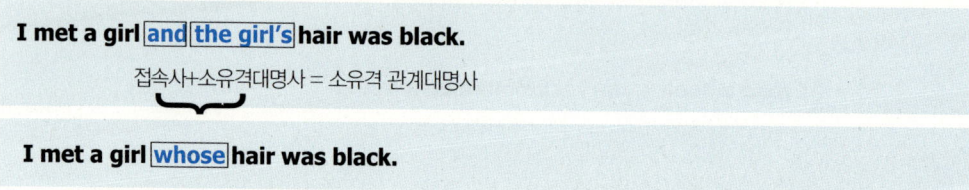

이렇게 만들어진 것이 소유격 관계대명사절이다. 구조를 분석해보자.

소유격 관계대명사 whose 앞에는 선행사가 있다. 모든 형용사절은 당연히 앞에 명사가 있어야 한다. 그런데 whose 뒤에는 모든 명사가 갖춰져 있는 완전한 절이 나와있다. 이때 소유격관계대명사를 골라오면 된다. 소유격은 해석만 잘 할 수 있으면 문제를 풀기는 아주 쉽다. 어떻게 해석하는지 살펴보자.

> I met a **girl** whose **hair was black.**

소유격은 원천적으로 뒤에서부터 끌고 오는 해석이 불가능하다. 앞에서부터 순차적으로 해석한다. 모든 관계대명사절은 (목적격만 제외) 선행사를 관계대명사 자리에 넣고 해석한다고 했다. 그런데 소유격의 경우 선행사를 소유격의 형태로 변형해서 넘어줘야 한다.

> I met a **girl** / a **girl's** hair was black.
> 나는 여자를 만났다. 그 여자의 머리는 까맸다.

내가 여자를 만났는데, 그 여자의 머리가 까맸으니 '나는 까만 머리를 가지고 있는 여자를 만난' 것이다. 번역을 하는 게 아니고 단순히 독해를 할 때는 이렇게 하나의 문장으로 묶어줄 필요도 없다. '여자를 만났고, 그 여자의 머리가 까맸다'라고 하면 의미 파악은 다 된다. 그러면 넘어 가면 된다.

> ..을 가지고 있는
> I met a **girl** (whose hair was black).
> 나는 까만 머리를 가지고 있는 여자를 만났다

소유격의 경우 하나의 문장으로 깔끔하게 해석하고 싶다면, 소유격은 '소유하다', 즉 '가지고 있다'는 의미이므로 소유격의 뒤의 절을 해석해보고 나서 '~을 가지고 있는'이라고 묶어주어 앞의 명사를 꾸며주면 된다.

자! 이제 해석까지 해봤으니 문제를 풀어올 수 있는 지 확인해보자.

> I **met** a **girl** _____ **hair** was **black.**

일단 동사가 2개(met, was) 쓰였으므로 2개의 절. 그러므로 빈칸은 접속사 자리다. 빈칸 앞에는 명사가 있으므로 형용사절. 그런데 빈칸 뒤에 완전한 절이 왔다. 빠진 명사가 없다. 그렇다면 3개 (whose, 전치사+관계대명사, 관계부사) 중 하나를 고르면 된다. 그런데 여기서 또 하나의 특징을 찾아볼 수 있다.

> I met a **girl** _____ **hair** was **black.**

빈칸 앞 뒤의 2개의 명사가 의미상 '소유격 관계'다. "여자의 머리". 이것이 빈칸에 들어갈 수 있는 3개 (whose, 전치사+관계대명사, 관계부사) 접속사 중 whose가 정답이 되는 결정적인 단서다. 다른 예를 하나만 더 살펴보자.

> **This is a company _____ products are great.**

동사가 2개(is, are)이므로 빈칸은 접속사 자리. 빈칸 앞에 명사가 있고 뒤에는 완전절이 왔으므로 whose, 전치사+관계대명사, 관계부사 중 1개가 정답. 그런데 company와 products가 의미상 "회사의 제품들", '소유격' 관계다. 그러므로 정답은 whose.

> **This is a company whose products are great.**
> 이것은 회사고 이 회사의 제품은 훌륭하다 ⇒ 이것은 훌륭한 제품을 가지고 있는 회사다.

뒤에 나올 연습문제에서 몇 번만 연습해보면 소유격은 아주 친근해질 것이다!

② 전치사+관계대명사

> **This is a house which I live.**

이 문장을 해석해보면 옳은 문장으로 착각하기 쉽다. "이것은 내가 사는 집이다". 그러므로 관계대명사 문제를 풀 때는 절대 해석에 의존해서는 안되고 구조를 봐야 한다. 관계대명사 (who, which, that)의 2가지 특징, 1) 선행사, 2) 불완전절 이 나왔는지 반드시 확인한다.

> **This is a house which I live.**

선행사(house)는 있다. 그런데 뒤에는 "내가 산다"라는 완전절이 나왔다. live는 자동사이므로 주어와 자동사로 구성된 완전한 절! 그럼 이 문장을 맞게 고쳐보자. 일단 선행사는 있으니 뒤에 절을 불완전하게 바꿔주면 된다.

> **This is a house which I live in.**
> 이것은 내가 사는 집이다

live 뒤에 전치사(in)를 넣어주면 된다. 'I live'는 완전한 절이고, 전치사 뒤에 명사가 빠져있으니 불완전한 절. 앞으로 관계대명사절의 경우 이렇게 전치사로 끝나는 문장을 종종 보게 될 것이다. 전치사 뒤에 나오는 명사를 '전치사의 목적어'라고도 부른다. 그러므로 목적어가 빠져있는 절이니 '목적격 관계대명사절'로 분류한다. in뒤에 빠진 명사는 역시 선행사와 동일한 명사 house가 생략되어 있다.

그런데 전치사로 끝난 문장이 별로 보기 좋지는 않다. 늘 명사 짝꿍과 함께 다니다 홀로 남겨진 전치사. 이 전치사가 외로움을 참지 못하고 자기의 짝꿍을 찾아서 길을 떠난다.

This is a house in which I live.

뒤에 있던 전치사 in이 자신의 짝꿍을 대신하고 있는 관계대명사 which 앞으로 이동한다. 드디어 우리가 찾던 '전치사+관계대명사' in which가 만들어졌다.

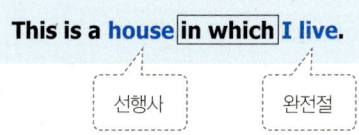

구조를 살펴보면, 앞에는 선행사가 존재하고 뒤에는 완전절이 왔다. 앞으로 선행사가 있는데 완전절이 나와 있으면 '전치사+관계대명사'를 골라오면 된다.

> This is a house in which I live.
> 이것은 집이다 / 그 집안에 내가 산다

해석할 때는 모든 관계대명사절과 마찬가지로 선행사를 관계대명사 자리에 넣고 해석해 준다. 혹은 문장이 복잡해질 경우 2개의 문장으로 분리해 준다.

> This is a house in which I live.

전치사를 원래 있던 자리인 문미로 옮겨주고, 그 뒤에 빠진 명사와 동일한 선행사를 넣어준다.

> This is a house / I live in a house.
> 이것은 집이다 / 나는 그 집 안에 산다.

ⓒ 만점짜리 문제

> This is a house _____ which I live.

관계대명사 앞에 들어갈 전치사를 고르는 문제가 나오면 만점짜리 문제! 접근법을 잘 익혀두자! 일단 이 위치에서는 들어갈 전치사를 판단하기 어렵고, 전치사를 원래의 자리인 문미로 되돌려 놓고 따져본다.

> This is a house which I live _____ .

| This is a house which I live _____ . |

빈칸에 들어갈 전치사는 앞에 동사와 짝꿍일 수도 있지만, 뒤에 빠져있는 명사와 짝꿍일 수도 있다. 그러므로 빠진명사=선행사를 전치사 뒤에 넣고 문맥상 따져본다.

| This is a house which I live _____ (a house) . |

"나는 집안에 산다"이므로 빈칸에 들어갈 전치사는 in!

> ① 전치사를 뒤로 이동.
> ② 전치사 뒤에 선행사를 넣고 문맥상 따져본다.

위에 2가지 접근법을 적용해서 문제를 풀어보자.

| The park _____ which I met him is beautiful. |

○ 관계대명사절이 중간에 삽입된 경우는 문장이 좀 더 복잡하다. 일단 관계대명사절을 끊어서 구분해보자.

| The park (_____ which I met him) is beautiful. |

본동사 앞까지

중간에 삽입된 경우, 관계대명사절은 본동사 앞에서 끊어주면 된다.

| The park (which I met him _____ the park) is beautiful. |

전치사 자리를 뒤로 옮기고 그 뒤에 선행사를 붙여준다. "나는 공원에서 그 사람을 만났다"이므로 빈칸에 들어갈 전치사 정답은 in. 하나만 더 연습해보자.

| They are companies _____ which we do business. |

| They are companies which we do business _____ companies . |

역시 전치사 위치를 뒤로 이동하고 그 뒤에 선행사를 붙인다. "우리는 회사들과 거래를 한다"이므로 빈칸에 들어갈 정답은 with. 'do business with : ~와 거래를 한다'는 숙어표현!

③ 관계부사

> **This is a house in which I live.**
> **= This is a house where I live.**

'전치사+관계대명사'를 하나로 바꿔주면 관계부사가 된다. 관계대명사는 명사의 역할이므로 '전치사+관계대명사'는 결국 전명구가 된다. 전명구는 부사구의 역할을 하므로 전치사와 관계대명사의 역할을 하나로 묶어준 게 '관계부사'다. 그러므로 관계부사 뒤에도 완전절이 온다.

관계부사는 선행사의 종류에 따라 형태가 바뀐다.

> 장소명사 ─┬─ where ─┬─ 완전절
> 시간명사 ─┴─ when ──┘

해석할 때는 더 쉽다. where는 '그 곳에서', when은 '그 때에'로 해석하면 자연스럽게 이어진다.

> **This is a house where I live.**
> 이 것은 집이고 그 곳에(그 집에) 내가 산다 / 이것은 내가 사는 집이다

> **There is a store where you can buy water.**
> 가게가 있다 / 그 곳에서(그 가게에서) 너는 물을 살 수 있다
> ⇒ 당신이 물을 살 수 있는 가게가 있다
>
> **I can't forget the day when I first met him.**
> 나는 그 날을 잊을 수가 없다 / 그 때(그 날) 나는 그 사람을 처음 만났다
> ⇒ 내가 그 사람을 처음 만난 그 날을 나는 잊을 수가 없다

[총정리]

1) 기본구조

| n. | who / which / that | 불완전절 |

2) 예외구조

| n. | whose / 전치사+관계대명사 / 관계부사 | 완전절 |

관계대명사 I Summary

관계대명사 = 접속사 + 대명사

1. 기본구조 : 특징 1) 선행사, 2) 불완전절		[n. _____ 불완전절]
주격	불완전절	I read a book that was interesting.
목적격		I read a book that you recommended.
		This is a house which I live in.
2. 예외구조 : 특징 1) 선행사, 2) 완전절		[n. _____ 완전절]
whose	완전절	I met a girl whose hair was black.
전치사+관계대명사		This is a house in which I live.
관계부사		This is a house where I live.

[확인학습]

1. Good Hands is an organization (which / whose) mission is to help poor children in Asia.

2. The store is owned by a carpenter (who / which) makes beautiful wood furniture.

3. The college has a variety of courses (in / for) which I hope to register.

4. The strike was planned by the employees, (who / which) believe that they do not have appropriate pension programs.

5. New York is a city (which / where) has enormous cultural variety.

6. My boss will return from Japan, (where / which / that) he received a master's degree from a university.

7. We are planning to have a big family reunion on (which / whom) my father spent plenty of money.

8. Waterproofs are essential during the monsoon season (which / when / where) rainfall is heavy.

9. Writers (whose / who) work is admired internationally usually write about universal subjects.

10. The company is producing a new tire (who / which) is extremely durable.

11. Randy Hayes' book (which / it / who) studies international banking is a bestseller.

12. Warehouse workers stocked the items (these / that / whose) are popular in stores.

13. This organization is hiring a PR man (whom / whose) responsibilities will include fundraising.

14. He recommends this web site for anyone (who / when / which) is thinking about buying a car.

15. The magazine (which / to which) he contributed last month sold very well.

16. The real estate agent finally found out the house (for which / to which / which) he was looking.

[뼈대바르기 연습 Review]

1. Good Hands is an organization whose mission is to help poor children in Asia.
해석]

2. The store is owned by a carpenter who makes beautiful wood furniture.
해석]

3. The college has a variety of courses for which I hope to register.
해석]

4. The strike was planned by the employees, who believe that they do not have appropriate pension programs.
해석]

5. New York is a city which has enormous cultural variety.
해석]

6. My boss will return from Japan, where he received a master's degree from a university.
해석]

7. We are planning to have a big family reunion on which my father spent plenty of money.
해석]

8. Waterproofs are essential during the monsoon season when rainfall is heavy.
해석]

9. Writers whose work is admired internationally usually write about universal subjects.
해석]

10. The company is producing a new tire which is extremely durable.
해석]

11. Randy Hayes' book which studies international banking is a bestseller.
해석]

12. Warehouse workers stocked the items that are popular in stores.
해석]

13. This organization is hiring a PR man whose responsibilities will include fundraising.
해석]

14. He recommends this web site for anyone who is thinking about buying a car.
해석]

15. The magazine to which he contributed last month sold very well.
해석]

16. The real estate agent finally found out the house for which he was looking.
해석]

17. If a return is made by the end of the second day following the date on which materials are due, no fine will be imposed.
해석]

18. The smoothness with which negotiations had proceeded surprised him.
해석]

19. I watched the opera during which I fell asleep.
해석]

20. His new car, for which he paid £15,000, has already had to be repaired.
해석]

21. He was respected by the people with whom he worked.
해석]

22. There are times when I wonder why I do this job.
해석]

23. New York City last year drew 10 percent fewer international tourists, a drop of 573,000 people, which the mayor attributed to poor overseas economies.
해석]

24. When we consider the money and the effort that we spent renovating the auditorium, the effect that the building has on the students is not impressive.
해석]

25. There are many materials that we need to build a house.
해석]

26. The sales man to whom I spoke was not in the office.
해석]

27. Centracorp has four open technical-support positions that we hope to fill by the end of the month.
해석]

28. I invite each of you to contribute money toward a gift that our department present to Sylvia in appreciation for her hard work over the years.
해석]

29. When conducting a search for new employees, employers prefer to interview candidates whose resumes are well-written and clearly organized.
해석]

30. I am writing to apply for the sales jobs at Scottish Food that you advertised in last Sunday's Aberdeen.

해석]

[기본 문장 영작연습]

1. 나는 재미있는 책을 읽었다.

해석]

2. 나는 네가 추천한 책을 읽었다.

해석]

3. 이것은 내가 사는 집이다. (목적격)

해석]

4. 나는 네가 나에게 제공해준 책을 읽었다.

해석]

5. 나는 머리가 까만 여자를 만났다. (whose)

해석]

6. 이것은 내가 사는 집이다. (전+관계대명사)

해석]

7. 이것은 내가 사는 집이다. (관계부사)

해석]

[뼈대바르기 연습 Preview]

1. There are students who study English. / There are students studying English.
해석]

2. This is the man I love.
해석]

3. There are students in my class who study hard.
해석]

4. I got a perfect score, which surprised everyone.
해석]

5. I sent what I wrote.
해석]

6. I know what you like. / I know that you like it. / I know the color that you like.
해석]

 **관계대명사의 생략**

① 주격 (생략불가)

I read a book that was interesting.
나는 재미있는 책을 읽었다 / 나는 책을 읽었고 그 책은 재미있었다

```
        ┌ who  ┐
  n.    │ which│  V + O
        │      │  V + C
        └ that ┘
```

앞에는 선행사(명사)가 있고 뒤에는 주어가 빠져있기 때문에 동사가 바로 나온다. 선행사가 사람일 때 who, 사물일 때 which, that은 사람/사물에 모두 쓰인다.

주격관계대명사는 기본적으로 생략할 수 없다. 만약 생략하려면 be가 함께 생략된다. 문장을 보면서 다시 살펴보자.

Students who study Toeic are here.   토익을 공부하는 학생들이 여기 있다

who 뒤에 주어가 빠진 주격관계대명사절.

 Students study Toeic are here.

주격관계대명사를 생략하니 문장이 성립하지 않는다. 그렇지만 굳이 관계대명사를 쓰지 않고 좀더 문장을 줄여서 쓰고 싶다면? 그때는 형용사절이 아닌 형용사구를 사용한다.

Students ~~who~~ study Toeic are here.   [형용사절]
⇩
⇨ **Students studying Toeic are here.**   [형용사구]

형용사구를 만들 때, 접속사(관계대명사)는 필요 없으므로 생략된다. 접속사의 수가 하나 줄었기 때문에 동사의 수도 하나 줄어야 한다. 그러므로 본동사인 study가 준동사인 studying을 바뀐다. 결국 주격관계대명사는 마구 생략할 수는 없고, 만약 생략하려면 동사의 형태 변화가 뒤따라야 한다. 본동사에서 준동사로.

Students studying Toeic are here.
　　　　　who+?

위에서 볼 수 있듯이 관계대명사는 단독으로는 생략될 수 없다. 이 자리에 다시 관계대명사를 넣으려면 준동사인 studying이 본동사로 바뀌어야 한다. studying 앞에 be동사가 있다면 'be studying'은 진행시제로 본동사가 된다.

Students studying Toeic are here.
　　　　　who are

그러므로 주격관계대명사는 홀로 생략될 수 없고, 생략될 때는 be동사와 함께 생략된다고 구조상 얘기한다.

문제는 다음과 같이 출제된다. 관계대명사 뒤에 들어갈 수 있는 동사의 형태는?

Students who _____ Toeic are here.

(x) **Students who studying Toeic are here.**

굉장히 많이 실수하는 유형! 울트라 주의! **관계대명사 뒤에는 항상 본동사만 올 수 있다. 준동사는 절대 나올 수 없다.** 준동사를 골라오지 않도록 주의하자.

이런 실수가 자주 나오는 이유는 부사절 축약형과 혼동하기 때문이다.

(x) **Students who studying Toeic are here.**

(○) **When reading a book, you~**　　[부사절 축약형]

부사절 축약형에서 접속사 뒤에 준동사가 나오는 구조를 많이 봐왔다. 그러다 보니 무심코 관계대명사 뒤에서도 준동사를 골라 틀려오는 경우가 많다. 부사절의 경우 부사절과 부사구의 중간의 형태인 축약형이 존재한다. 그러나 형용사절의 경우 축약형이 존재하지 않는다. 형용사절이거나 형용사구, 2개 형태뿐! 관계대명사 뒤에서는 절대 준동사를 고르지 않도록 주의하자!

n. [who / which / that]　v (반드시 본동사만!!)

② 목적격 (생략 가능)

I read a book that you recommended.
나는 네가 추천한 책을 읽었다 / 나는 책을 읽었고 네가 그 책을 추천했다

n.	who	S + Vt
	which	S + Vi + 전치사
	that	S + Vt + O + 전치사

목적격의 경우도 앞에는 선행사(명사)가 있고 뒤에는 목적어가 빠진 불완전한 절이 나온다. 그런데 사람이 선행사로 쓰인 경우, 목적격에서는 who도 쓰지만 whom도 쓸 수 있다. 현대영어에서 whom의 기능이 많이 퇴화되고 있지만, whom이 여전히 사용되긴 한다. 나오면 목적격이구나.. 하고 알아보면 된다.

목적어가 빠진 불완전한 절이 오는 경우, 타동사의 목적어가 빠져있는 경우가 제일 많지만, 전치사 뒤에 명사가 빠진 경우, 즉 전치사의 목적어가 빠진 경우도 있다.

This is a house which I live in.

I read a book that you provided me with.

이렇게 전치사로 끝나는 문장의 경우, 해석이 꼬이는 경우가 많다. 그때는 선행사를 전치사 뒤에 넣어보면 원래 어떤 문장이었는지가 명확하게 잡힌다.

This is a house which I live in (a house).
이것은 집이고 나는 그 집안에 산다 ⇒ 이것은 내가 사는 집이다

I read a book that you provided me with (a book).
책을 읽었고, 네가 그 책을 나에게 제공해주었다 ⇒ 네가 나에게 제공해준 책을 읽었다

여기에 쓰인 모든 목적격 관계대명사는 생략이 가능하다. 목적격 관계대명사가 생략된 구조가 바로 우리 독해를 꼬이게 만드는 원흉 중의 하나다. 이 구조를 잘 익혀두고 많은 연습을 통해 익숙하게 만들어 두어야 한다.

> **This is a man I love.**

이 문장을 살펴보자. "이 사람은 남자다"까지는 단순한 문장이다.

> **This is a <u>man</u> I love.**
>   n. n.

그런데 man이라는 명사 뒤에 I라는 명사가 또 나왔다. 영어 문장에서 명사와 명사는 연달아 붙어나올 수 없다.

> S + V + O + 전치사 + n.
> 명사   명사   명사

영어 문장에서 명사가 추가적으로 나오기 위해서는 중간에 동사나 전치사가 있어야 한다. 명사가 연달아 나올 수 없음을 강조하기 위해 '명사 충돌'이라는 표현도 존재한다. 명사가 연달아 나오면 틀린 문장!

그렇다면 'man I'는 어떻게 된 걸까. 복합명사는 아니다. "남자 나"라는 복합명사는 존재할 수 없다. man과 I 중간에 뭔가 있었는데 생략된 형태일 것이다.

> **This is a man (I love).**
>   접속사

게다가 I 뒤에 보니 love라는 동사가 있다. 결국은 '주어+동사'로 구성된 절이라는 얘기다. 절이 추가적으로 나오려면 원래는 접속사가 있어야 하는데 앞에 접속사가 생략된 구조인 것. 구조를 보면 앞에 선행사(man)가 있고 뒤에는 'I love' 뒤에 목적어가 빠져있다. 여기서 생략된 접속사가 바로 '목적격 관계대명사'.

그러므로 앞으로 명사/명사가 연달아 붙어나오면 그 사이에 '목적격 관계대명사'가 생략되어 있음을 알아보고 묶어서 앞에 나온 명사를 꾸며주는 형용사절로 해석한다.

This is a <u>man</u> (I love).   이 사람은 내가 사랑하는 남자다

| 명사 | [명사 | 동사 |] | [형용사절] |

[Unit 5] 접속사

[해석연습]

1. I read a book you recommended.
⇨ _____

2. The people we met will contact you.
⇨ _____

3. The movie I've watched was fantastic.
⇨ _____

4. The product you ordered will be delivered tomorrow.
⇨ _____

I read a book you recommended. 나는 네가 추천한 책을 읽었다

The people we met will contact you. 우리가 만난 사람들이 너에게 연락할 것이다

The movie I've watched was fantastic. 내가 본 영화는 환상적이었다

The product you ordered will be delivered tomorrow.
⇨ 네가 주문한 제품은 내일 배송될 것이다

◎ 문제유형

> **This is a man _____ love.**
> a. I   b. my

대명사 격을 고르는 문제. 실제 기출에서도 다음과 같은 문제가 2번 출제되었다. 빈칸 뒤에는 명사도 되고 동사도 되는 어휘가 등장했다. love를 명사로 보고 무심코 소유격 b. my를 골라 많이 틀렸던 문제!

> ✗ **This is a <u>man my love</u>.**   이 사람은 남자다 내 사랑
>   명사+명사 충돌

전체 구조를 보면 명사(man) 뒤에 동사나 전치사 없이 명사(my love)가 또 나온 잘못된 구조.

> **This is a decision our company _____.**

이번에는 빈칸에 들어갈 동사를 고르는 동사 어휘문제다. 문장구조를 파악하는 게 우선이다.

> **This is a decision (our company _____).**
>   n.   n.

명사와 명사가 연달아 나왔으므로 사이에 목적격 관계대명사가 생략된 구조. 여기서 our(소유격)이 중간에 끼어 있다고 명사충돌을 놓쳐서는 안 된다! 소유격은 명사를 꾸며주는 형용사 역할이므로 뼈대구조에 해당되지 않는다. 또한, 명사 뒤에 주격대명사(I, you) 등이 나오면 절이 시작된다는 느낌을 주기 때문에 알아보기 쉽지만, 이렇게 일반 명사(our decision)가 나오는 경우는 절이 시작된다는 것이 바로 와 닿지 않는다. 일단 명사 뒤에 또 명사가 나오는 경우는 항상 목적격관계대명사 생략된 구조임을 알아봐야 한다.

> **This is a decision (our company _____ a decision).**

빈칸에 들어갈 동사는 타동사다. 뒤에 목적어가 빠져있는 목적격 관계대명사절이다. 이때 빠진 명사는 항상 선행사와 동일하다. 그러므로 선행사인 a decision을 목적어로 취하는 동사를 골라오면 된다. "결정 하다"일 때 decision은 make와 짝꿍. 'make a decision'. 그러므로 빈칸에 정답은 made.

> **This is a decision our company made.**
>   이것은 우리 회사가 내린 결정이다

주의해야 할 유형

1) 선행사 + (전+n.) + 관계대명사

> **There are students in my class _____ study hard.**
> **a. who   b. which**

빈칸은 명사 뒤, 뒤에는 주어가 빠져있는 불완전한 절이므로 주격관계대명사 자리다. 관계대명사 바로 앞에 있는 명사(class)를 보고 선행사가 사물이니까 b. which라고 실수하기 쉬운 문제! 여기서 선행사는 students고 in my class는 중간에 삽입된 전명구다. 그러므로 정답은 a. who!

그렇다면 전명구에 속한 명사는 항상 선행사가 될 수 없는 걸까? 다음 페이지에서 자세히 살펴보자.

> | n. | 전치사 | n. | that~
> | ❶ | | ❷ |

위의 구조에서 관계대명사 that의 선행사가 ❶번 명사일지, ❷번 명사일지는 알 수 없다. 보통은 바로 앞에 명사인 ❷ 번 명사가 선행사인 경우가 더 많다. 그러나 앞서 본 문장처럼 전명구는 삽입된 것이고 ❶ 번 명사가 선행사인 경우도 있다. 그렇다면 위의 문장에서는 선행사가 누구인지 어떻게 판단할 수 있었을까.

> **There are students in my class who study hard.**
> 생략된 주어 = 선행사

① 의미상 접근
위의 문장은 that 뒤에 주어가 빠진 주격관계대명사절이다. 항상 관계대명사 뒤에 빠진 명사는 선행사와 일치한다고 했다. 그렇다면 선행사는 study의 주어역할을 하는 명사! "공부하다"의 주어는 'class'가 될 수는 없다. "학생들이 공부한다"이므로 students가 선행사.

② 수일치
주어와 동사는 수일치를 맞춰줘야 한다. study는 s가 붙어 있지 않은 형태이므로 주어는 반드시 복수명사가 되야 한다. class는 단수명사이므로 'who study hard'의 선행사가 될 수 없다.

2) 선행사 = 앞의 절 전체

> **I got a perfect score, which surprised everyone.**
> 나는 토익 만점을 받았고, 그것은 모든 사람들을 놀라게 했다

여기서 a perfect score가 선행사인 것 같진 않다. 만점자체가 모두를 놀라게 한 건 아니다. '내가 만점을 받았다는 것'이 사람들을 놀라게 한 것이다. 이렇게 명사가 아닌 앞의 절 전체가 선행사가 되는 경우도 있다. 이때는 항상 which앞에 콤마가 찍혀있다.

5. what = 선행사 + 관계대명사

I sent what I wrote.   나는 내가 쓴 것을 보냈다

what은 관계대명사지만 형용사절이 아닌 명사절 접속사다. 선행사와 관계대명사를 하나로 합친 형태이기 때문에 앞에 또 다른 명사(선행사)가 나올 수 없다. 자체 안에 선행사를 가지고 있기 때문에 명사절을 이끈다. 관계대명사 이므로 해설할 때는 what 뒤에 절을 끌고 오면서 "~하는 것"으로 해석한다. 좀더 풀어서 what이 만들어진 원리를 살펴보자.

I sent **the thing that** I wrote.
⇨ I sent **what** I wrote.

내가 뭔가를 썼는데, 편지라 할지 쪽지라 할지, 뭐라고 하나의 명사로 콕 짚어주기 애매할 때 영어에서는 the thing이라는 표현을 잘 쓴다. 그런데 이렇게 애매한 선행사라면 굳이 쓸 필요 없이 선행사과 관계대명사를 하나로 합쳐주면 훨씬 말이 짧아질 수 있을 것이다. 그래서 하나로 합쳐준 것이 what! 선행사를 선정하지 않고 표현할 수 있는 편리함 때문에 구어체 표현에서 많이 활용된다. 아래 예문을 통해 용법을 익숙하게 익혀보자.

◯ 명사절이므로 S / O / C 자리에 그리고 전치사 뒤에도 올 수 있다.

What she said made me angry.	그녀가 말한 것이 나를 화나게 만들었다
I know **what you did last summer**.	나는 네가 지난 여름에 한 것을 알고 있다
This is exactly **what I wanted**.	이것이 우리가 원했던 것이다
You are responsible for **what you do**.	너는 네가 하는 것에 책임이 있다

(동사 뒤) (불완전절)
I sent what I wrote.   나는 내가 쓴 것을 보냈다

명사절이므로 동사 뒤에 잘 나오고, what은 관계대명사이므로 what 뒤에는 명사가 하나 빠진 불완전한 절이 온다. 위에서도 'wrote'의 목적어가 빠진 불완전한 절!

주의(✗)
I know the **color what** you like.   ⇨ 명사 뒤에 what 골라오지 말기!!

what은 명사절을 이끌므로 명사 뒤에 나올 수 없다! 접속사 뒤에 불완전한 절이 왔다고 무조건 what을 골라오지 않도록 주의! 무지하게 많이 틀리는 문제 유형!
단, 4형식만 예외 I will tell you what I heard(O).

> ## 😊 의문사 what vs 관계대명사 what
>
> 우리는 명사절에서도 what을 배운 바 있다. 의문사(what, who, when, where, why, how)로써의 what도 명사절 접속사며 구조적으로는 관계대명사 what과 똑같다. 명사절을 이끌며 what 뒤에는 불완전한 절이 온다. 다만 해석이 다르다.
>
> > **I know what you like.** [의문사]
> > 나는 네가 무엇을 좋아하는지 안다
>
> 의문사 what은 "무엇이/무엇을"로 해석한다. what 뒤에 주어가 빠져있으면 "무엇이", 목적어가 빠져있으면 "무엇을".
>
> > **I know what you like.** [관계대명사]
> > 나는 네가 좋아하는 것을 알고 있다
>
> 관계대명사는 뒤에서 끌고 오면서 "~하는 것"으로 해석한다.
>
> 위에 문장은 해석해보면 둘 다 가능하다. 그러므로 둘 중 어떻게 해석할 지는 전체 문맥을 보고 파악해야 한다.

관계대명사 that

관계대명사 that은 주격/목적격에 모두 사용되고, 선행사가 사람/사물 일 때도 모두 쓰인다. 다만 다음의 두 가지 경우에는 쓸 수 없다.

1) 콤마 뒤

 There are students, that study hard.

2) 전치사 뒤

 This is a house in that I live.

게다가 that은 관계대명사 외에도 명사절 접속사로 잘 쓰인다. 명사절 접속사로 쓰이는 경우와 관계대명사로 쓰이는 경우의 용법을 비교해보자.

7. what vs. that

that이 관계대명사로 쓰인 것인지 명사절 접속사로 쓰인 것인지를 물어보는 문제는 출제되지 않는다. 토익은 주관식 문제가 없기 때문에 문제로 만드는 것이 불가능하다. 그래서 그 중간의 성격을 가지고 있는 what을 넣어서 'what이냐 that이냐'하는 문제가 많이 출제된다. 이런 문제에 대비하기 위해 관계대명사 that과 명사절 that 그리고 what의 기능과 구조를 비교분석해 보자.

접속사 앞 (품사)	접속사	접속사 뒤	예문
n. (명사)	관계대명사 that	불완전절	I know the color that you like.
v (동사)	what	불완전절	I know what you like.
v (동사)	명사절 접속사 that	완전절	I know that you like it.

1) 관계대명사 that

I know the color that you like.   나는 네가 좋아하는 색깔을 알고 있다

○ 관계대명사이므로 앞에는 명사가 있어야 하고 뒤에는 불완전한 절이 나온다.

2) what

I know what you like.   나는 네가 좋아하는 것을 알고 있다

○ what은 명사절을 이끌므로 명사 뒤에서는 나올 수 없다. 동사 뒤 자리에서 출제가 잘 되며 what 뒤에는 역시 불완전한 절이 나온다.

3) 명사절 접속사 that

I know that you like it.   나는 네가 그것을 좋아한다는 것을 알고 있다

○ 명사절 접속사이므로 동사 뒤에 나오며 명사절 접속사 that 뒤에는 완전한 절이 나온다.

이 3개의 기본문장들은 완전하게 외워두자!!

관계대명사 II Summary	
"주격관/대+be" 생략	There are students (who are) studying English.
목적격관/대 생략 가능	This is the man I love.
[주의] 1. 선행사 (전+n.) 관/대	There are students in my class who study hard.
2. 선행사 = 문장 전체	I got a perfect score, which surprised everyone.
what "~것"	I sent what I wrote.
That 못 쓰는 두 경우	, that (X) / for that (X)

확인학습

1. Please explain (what / that) you are talking about.
2. There are two managers in our department (who / which) are responsible for product sales.
3. We will have to repair the ceiling, (which / that) will cost a lot of money.
4. Any agreement (that / what) is signed by Ms. Carey needs to be reviewed again.
5. Compware, (that / which / where) has been a world leader in vaccine software, plans to expand into the game industry.
6. The consultant (who travel / traveling) a lot is entitled to fly business class.
7. Student tickets, (which / that) are free, can be picked up at the ticket office.
8. It appears he has made up his mind about (that / what) he wants to do.
9. Many people who (interviewed / were interviewed) will meet the CEO tomorrow.
10. Our department manager will produce reports (that / what) evaluate the employees' performances.
11. The head office must hire someone (who / which / what) can upgrade its accounting software.
12. The manager will send (what / that) the employees want from him.
13. The company will move into a new office building, (that / which) Atlanta Builders constructed.

[뼈대바르기 연습 Review]

1. There are two managers in our department who are responsible for product sales.
   해석]

2. We will have to repair the ceiling, which will cost a lot of money.
해석]

3. The airplane you'll be boarding has been delayed in New York due to bad weather.
해석]

4. It was a question a small child could have answered.
해석]

5. Student tickets, which are free, can be picked up at the ticket office.
해석]

6. It appears that he has made up his mind about what he wants to do.
해석]

7. Allsurance is one of the biggest insurance companies in the world, which is made up of many local branches nationwide.
해석]

8. Several people will be stopping tomorrow to pick up the flowers they purchased.
해석]

9. The only jacket I packed isn't warm enough.
해석]

10. What I can do is to schedule a visit to your clinic to show you how it works.
해석]

11. You will each meet the managers you'll be working with.
해석]

12. By talking with us, they might get some ideas about what they want for their own building.
해석]

13. I got an error message I've never seen before. It's actually happening with all of the documents I try to open.

해석]

14. Any agreement that is signed by Ms. Carey needs to be reviewed again.

해석]

15. I'm calling because the photographs I took on Monday at your business have not been processed.

해석]

16. He has also been in inspiration to the students who often comments on how he makes learning fun.

해석]

17. I want to look at lamps you had advertised on the newspaper today.

해석]

18. We should be very proud of the progress we've made in that time.

해석]

19. The project coordinators will give us updates on what their groups have accomplished.

해석]

20. If there's something you'd like to volunteer for, like giving talks to local community groups or distributing educational pamphlets at local businesses, please make sure to add your name.

해석]

21. We welcome applications from young people with strong telecommunications backgrounds who have worked at multinational corporations.

해석]

22. I wonder if there is a clothing shop around here where I can buy a new one.

해석]

23. Ms. Kaneko and her family returned to London where they currently live.

해석]

24. You'll all find what she says very informative

해석]

[기본 문장 영작연습]

1. 토익을 공부하는 학생들이 있다. (형용사절 / 형용사구)

영작]

2. 이분이 내가 사랑하는 남자다. (목적격 관계대명사 생략)

영작]

3. 우리 반에는 공부를 열심히 하는 학생들이 있다.

영작]

4. 내가 만점을 받았는데, 그것이 모두를 놀라게 했다.

영작]

5. 내가 쓴 것을 내가 보냈다.

영작]

6. 나는 네가 좋아하는 색깔을 안다. / 나는 네가 좋아하는 것을 안다. / 나는 네가 그것을 좋아한다는 것을 안다.

영작]

접속사 총정리

기능	예문
명사절 접속사 (S / O / C 역할, 전치사 뒤)	That she passed the exam is unbelievable. I don't know whether he is coming. The reason is that he is busy. I need information on how I can get there.
형용사절 접속사 (관계대명사/관계부사)	I read the book that you recommended.
부사절 접속사	After I finished work, I met a friend.
등위 접속사	I finished work and I met a friend.
상관접속사	Both men and women can vote.

접속부사 (접속사 X)	I finished work. Then, I met a friend. (2개의 독립된 문장)

종류
that, if, whether, 의문사 (what, who, when, where, how, why) what
who, whom, which, that, whose / where, when
시간 : when, while, after, before, since, until, once, as soon as 조건 : if, unless, provided (that), in case, only if 이유 : because, since, as, now that 목적/결과 : so that / so ~ that, such ~ that 양보 : although, though, even if, even though, while, whereas
and, or, but, yet
Both A and B / either A of B / neither A nor B / between A and B / not only A, but also B

However, therefore, thus, nevertheless, otherwise, moreover, furthermore, meanwhile, then

[접속사 총정리 실전문제]

1. Applicants should provide at least two references _____ applying for the position of marketing manager.
(A) with   (B) so   (C) and   (D) when

2. In a hotel, the receptionist is the person _____ job is to book rooms for people and answer their questions.
(A) what   (B) her   (C) whose   (D) this

3. The management is _____ whether to upgrade computers in the office or purchase latest computers.
(A) consider   (B) considers
(C) considering   (D) considered

4. The internationally recognized entrepreneur _____ founded the multinational company, MoriM Enterprise, plans to retire next month.
(A) who   (B) some   (C) he   (D) also

5. _____ team members worked on the budget summary all the weekend, it is not good enough to meet our standards.
(A) Although   (B) Even
(C) Also   (D) Whether

6. _____ they have been delivered to you, you will become the owner of the goods you ordered and responsible for risk of loss or damage to them.
(A) Once   (B) Meanwhile
(C) Moreover   (D) Rather

7. Some of the applicants were so highly qualified _____ it took longer than usual to determine which one to hire.
(A) unless   (B) that   (C) even   (D) after

8. The employee handbook explains _____ employees want to know about benefits package.
(A) which   (B) where   (C) how   (D) what

9. This package contains a program that _____ if the software can be installed.
(A) determining   (B) determines
(C) determine   (D) determiner

10. The new company policy will give M Design employees greater flexibility in choosing _____ to work in the company's offices or from home.
(A) which   (B) what
(C) while   (D) whether

11. All guests can eat free breakfast at the hotel restaurant _____ order room service for a small fee.
(A) also   (B) besides   (C) when   (D) or

12. Tyson Electronics gives travel allowance to employees who _____ in the suburbs.
(A) reside   (B) residents
(C) residing   (D) residence

13. Visitors who tour the Gastill Auto factory expect to see _____ our new luxury sedans are made.
(A) during   (B) about   (C) how   (D) whom

14. The document I attached to my email yesterday summarizes topics _____ plan to present at tomorrow's meeting.
(A) mine (B) me (C) I (D) my

15. Richard Bloom, _____ latest book is a non-fiction account of Los Angeles, will also be a main speaker at the event.
(A) whatever   (B) whom
(C) what   (D) whose

16. Mr. Radall reported to the department head that neither the outside consultants _____ any of the designers supported the proposal.
(A) but (B) and (C) nor (D) while

17. _____ Ms. Li's proposal has been selected, Tali Consulting should hire two more designers.
(A) If so   (B) Rather than
(C) Owing to   (D) Given that

18. Students try to develop the leadership qualities _____ will enable them to make valuable contributions to tomorrow's socety.
(A) that (B) there (C) any (D) why

19. _____ you apply for a new passport, you should bring your identification.
(A) In addition to   (B) On the other hand
(C) At the time   (D) Despite

20. The information contained in this section of the site is for students _____ are considering studying abroad.
(A) where (B) whoever (C) who (D) when

21. _____ Mr. Randolph made a keynote speech at the conference, his assistant videotaped his address.
(A) While   (B) Yet
(C) Rather than   (D) As though

22. He frequently focuses on ways to maximize an athlete's performance _____ injury prevention.
(A) even though   (B) in order to
(C) as well as   (D) whether

23. Ms. Anderson not only placed an order _____ confirmed the date when the order will be shipped.
(A) but   (B) all
(C) however   (D) although

24. _____ arriving at the theater, Ms. Kalish found that the concert by the London Orchestra had been cancelled.
(A) Because   (B) After
(C) Now that   (D) Even if

25. I suggest that you take a look at the example given below to see _____ well it suits your needs.
(A) how   (B) therefore
(C) only   (D) most

26. Employees of Ulter Prime Corporation will receive a salary increase next year _____ the company's profits meet its expectations.
(A) as a result   (B) provided that
(C) in place of   (D) as well as

27. As _____ in confidentiality agreement, both parties involved will not disclose or reveal any of the confidential information received from the other party.
(A) notes   (B) note
(C) noted   (D) noting

28. _____ Ms. Puente is not available to help with the proposal right now, she may be able to assist us tomorrow.
(A) In order that   (B) Even though
(C) Once   (D) Before

29. Now that the order has been accepted _____ the confirmation notice has been sent, they will deliver the ordered product.
(A) while   (B) yet   (C) but   (D) and

30. The third floor exhibition rooms of the museum are not open to the public _____ the ventilation system is being repaired.
(A) during   (B) while   (C) after   (D) along

31. Subcommittee members will decide tomorrow _____ to nominate Burt Templeton for the board of Genesis Technologies.
(A) whether   (B) after   (C) that   (D) about

32. The project manager was instructed to wait until the management reviews and accepts the changes _____ proposed.
(A) she   (B) that   (C) were   (D) until

33. _____ the Marketing Director expected customers to prefer the latest mobile phone equipped with a music player, but he discovered its sales are not strong enough.
(A) At first   (B) Although   (C) In light of   (D) Despite

34. It is recommended that you register your new mobile phone online _____ you can download updated technical support information.
(A) rather   (B) in case of
(C) as to   (D) so that

35. The Research and Development Director will meet us again to discuss the proposal we _____.
(A) being making   (B) have been making
(C) are made   (D) would have been made

36. Applications will be considered for funding only _____ they are received on or before the last of the month.
(A) while   (B) if   (C) on   (D) yet

37. Fortunately, the shipment of grain arrived at our warehouse on time _____ bad weather.
(A) even though   (B) as if
(C) in spite of   (D) nevertheless

38. The release of the new generation car, ST 350, was marked with a brief ceremony in _____ Rich Connell and Carlos Ghosn were recognized for their commitment to development.
(A) what   (B) which
(C) how   (D) where

39. _____ not required by the department, more and more students are opting to do an internship, as they sense a benefit to their future employment potential.
(A) Despite   (B) Unless
(C) Since   (D) Though

40. The board members were in favor of the energy-saving technologies you _____ in your design.
(A) were included   (B) have included
(C) to include   (D) will be included

[정답] DCCAA / ABDBD / DACCD / CDACC / ACABA / BCBDB / AAADB / BCBDB

[뼈대바르기 연습 Review]

1. Applicants should provide at least two references when applying for the position of marketing manager.
해석]

2. In a hotel, the receptionist is the person whose job is to book rooms for people and answer their questions.
해석]

3. The management is considering whether to upgrade computers in the office or purchase latest computers.
해석]

4. The internationally recognized entrepreneur who founded the multinational company, MoriM Enterprise, plans to retire next month.
해석]

5. Although team members worked on the budget summary all the weekend, it is not good enough to meet our standards.
해석]

6. Once they have been delivered to you, you will become the owner of the goods you ordered and responsible for risk of loss or damage to them.
해석]

7. Some of the applicants were so highly qualified that it took longer than usual to determine which one to hire.
해석]

8. The employee handbook explains what employees want to know about benefits package.
해석]

9. This package contains a program that determines if the software can be installed.
해석]

10. The new company policy will give M Design employees greater flexibility in choosing whether to work in the company's offices or from home.

해석]

11. All guests can eat free breakfast at the hotel restaurant ororder room service for a small fee.

해석]

12. Tyson Electronics gives travel allowance to employees who reside in the suburbs.

해석]

13. Visitors who tour the Gastill Auto factory expect to see how our new luxury sedans are made.

해석]

14. The document I attached to my email yesterday summarizes topics I plan to present at the tomorrow's meeting.

해석]

15. Richard Bloom, whose latest book is a non-fiction account of Los Angeles, will also be a main speaker at the event.

해석]

16. Mr. Radall reported to the department head that neither the outside consultants nor any of the designers supported the proposal.

해석]

17. Given that Ms. Li's proposal has been selected, Tali Consulting should hire two more designers.

해석]

18. Students try to develop the leadership qualities that will enable them to make valuable contributions to tomorrow's socety.

해석]

19. At the time you apply for a new passport, you should bring your identification.

해석]

20. The information contained in this section of the site is for students who are considering studying abroad.

해석]

21. While Mr. Randolph made a keynote speech at the conference, his assistant videotaped his address.

해석]

22. He frequently focuses on ways to maximize an athlete's performance as well as injury prevention.

해석]

23. Ms. Anderson not only placed an order but confirmed the date when the order will be shipped.

해석]

24. After arriving at the theater, Ms. Kalish found that the concert by the London Orchestra had been cancelled.

해석]

25. I suggest that you take a look at the example given below to see how well it suits your needs.

해석]

26. Employees of Ulter Prime Corporation will receive a salary increase next year provided that the company's profits meet its expectations.

해석]

27. As noted in confidentiality agreement, both parties involved will not disclose or reveal any of the confidential information received from the other party.

해석]

28. Even though Ms. Puente is not available to help with the proposal right now, she may be able to assist us tomorrow.

해석]

29. Now that the order has been accepted and the confirmation notice has been sent, they will deliver the ordered product.

해석]

30. The third floor exhibition rooms of the museum are not open to the public while the ventilation system is being repaired.

해석]

31. Subcommittee members will decide tomorrow whether to nominate Burt Templeton for the board of Genesis Technologies.

해석]

32. The project manager was instructed to wait until the management reviews and accepts the changes she proposed.

해석]

33. At first the Marketing Director expected customers to prefer the latest mobile phone equipped with a music player, but he discovered its sales are not strong enough.

해석]

34. It is recommended that you register your new mobile phone online so that you can download updated technical support information.

해석]

35. The Research and Development Director will meet us again to discuss the proposal we have been making.

해석]

36. Applications will be considered for funding only if they are received on or before the last of the month.

해석]

37. Fortunately, the shipment of grain arrived at our warehouse on time in spite of bad weather.

해석]

38. The release of the new generation car, ST 350, was marked with a brief ceremony in which Rich Connell and Carlos Ghosn were recognized for their commitment to development.
해석]

39. Though not required by the department, more and more students are opting to do an internship, as they sense a benefit to their future employment potential.
해석]

40. The board members were in favor of the energy-saving technologies you have included in your design.
해석]

뼈대바르기 총정리

◎ 뼈대바르기란? 구와 절을 하나의 덩어리로 묶어서 단순화시키기

품사 / 확장	단어	구
명사 (주어, 목적어, 보어, 전치사 뒤)	[명사] Girls love coffee. (주어) Girls love coffee. (목적어) The girls are students. (보어) I love coffee with cream. (전/뒤)	[명사구 – 준동사구(ing/to do)] Drinking coffee wakes me up. (주어) I love to drink coffee. (목적어) What I do first in the morning is drinking coffee. (보어) By drinking coffee, I start a day. (전/뒤)
형용사 (명사 수식 / 보어)	[형용사] I love hot coffee. This coffee is delicious.	[형용사구 – 1. 전명구 / 2. 준동사구(ing/p.p/to do)] The best coffee is on sale The best coffee on sale smells great. The girls drinking coffee are my friends The coffee made of the best coffee beans smells great.
부사 (독립적으로 사용)	[부사] I recently met him. Recently, I met him. I met him recently.	[부사구 – 1. 전명구 / 2. 준동사구(ing/p.p/to do)] I chatted with friends in the café. Drinking coffee, I chatted with friends. =I chatted with friends drinking coffee. Made of the best beans, this coffee is expensive.. I went to Starbucks to buy coffee.

Note

1) 형용사는 명사 앞에 오지만 형용사구와 형용사절은 명사 뒤에 위치한다.
2) 부사는 동사, 형용사, 부사, 문장전체를 수식하지만 부사구와 부사절은 특정 단어를 수식하지 않는다. 주절과 상관없이 독립적으로, 부가적으로 쓰인다.

S + V + O [전치사 + n.]	전명구
S + V + O [ing / p.p / to do + 목적어 + 전명구]	준동사구
S + V + O [접속사 + S + V + O]	절

절

[명사절 = 명사절 접속사 + 절]

That they will introduce new line of coffee was announced. (주어)
I asked whether he wants to drink coffee. (목적어)
The reason is that I've been busy. (보어)
I have a question about where he lives. (전/뒤)

[형용사절 = 관계대명사 + 절]

The best coffee which is on sale smells great.
The girls who are drinking coffee are my friends.
The coffee which is made of the best coffee beans smells great.

[부사절 = 부사절접속사 + 절]

I chatted with friends while I was in the café.
While I was drinking coffee, I chatted with friends.
=I chatted with friends while I was drinking coffee.
Because it is made of the best beans, this coffee is expensive.